教師のための携帯ブックス⑫

おもしろすぎる算数5分間話①

植木算の落とし穴 他

平林一栄著

黎明書房

まえがき

　はじめて，お子さんたち相手の本を書いてみました。これまでは，ほとんど先生方がお読みくださるような本ばかり書きましたので，多少書きづらく感じたことは確かです。しかし，もともとお子さんたちの算数や数学を考えるのが，私の仕事です。ただ，先生方を通して，間接的にお子さんたちに話しかけていただけのようです。

　もともと子ども好きですから，こうした本を書くのは，私にとって非常に楽しいことでした。しかし，ほんとうにわかってもらえるように書けるかどうかは心配でした。いつの間にか，子どもにもわかる，やさしい言葉を使うことができなくなってしまったのではないかと，心配しながら，何べんも言いかえてみたり，字を変えてみたりして，かなりていねいに書いたつもりです。

　しかし，一つの話を，5分で読めるくらいにまとめてほしいという出版社の要望にこたえることは，算数の場合はかなりむずかしいことだと気がつきました。そこで，いささかやけっぱちになって，何でもよいから，おもしろくて，読み出したら時間を忘れてしまうような本にしようと思いました。

あまり話がおもしろくて，一つを読むのに，アッという間に時間がたって，ほんの5分間ぐらいにしか感じなかった——という本を書こうと考えたのです。

　そのようにうまくいったかどうか，それは私自身では判断できないことです。しかし，このなかには，時間をかけても読んでいただきたいことを，たくさん書いておきました。実は，ここには，小学校の内容だけでなく，中学校，いやそれより上の学校につながる内容も集められています。よく，小学校で算数ができても，中学校やそれより上の学校にすすんで，数学ができなくなってしまう人があります。それは，このようなつながりが，しっかりとできていないからです。
　私は，小学校5・6年は，小学校のしめくくりというよりは，中学校への準備だと考えたいのです。そうでないと，小学校「算数」は終えられても，中学校へ入って，「数学」をやることができません。この本は，いうなれば上を向いた本なのです。下を向いて，足もとをかためることも大事ですが，5・6年生の間に，何とかして上を向くことを考えないと，中学校でダメになってしまいます。おもしろさにつられて自然に上を向く——それがねらいでした。

　とにかく，風変わりな算数の本が書けたことに，私はいまほっとしています。できれば，ご両親や先生ともいっしょに

読んでいただけたら幸いと思います。
　最後に，この本の編集やさし絵について，いろいろご苦労をいただいた方がたに，心からお礼を申しあげます。

　　　　　　　　　　　　　　平　林　一　栄

付記・本書は，先に刊行された『算数がすきになる5分間話』を
　　　2分冊にし，改版・改題したものです。

もくじ

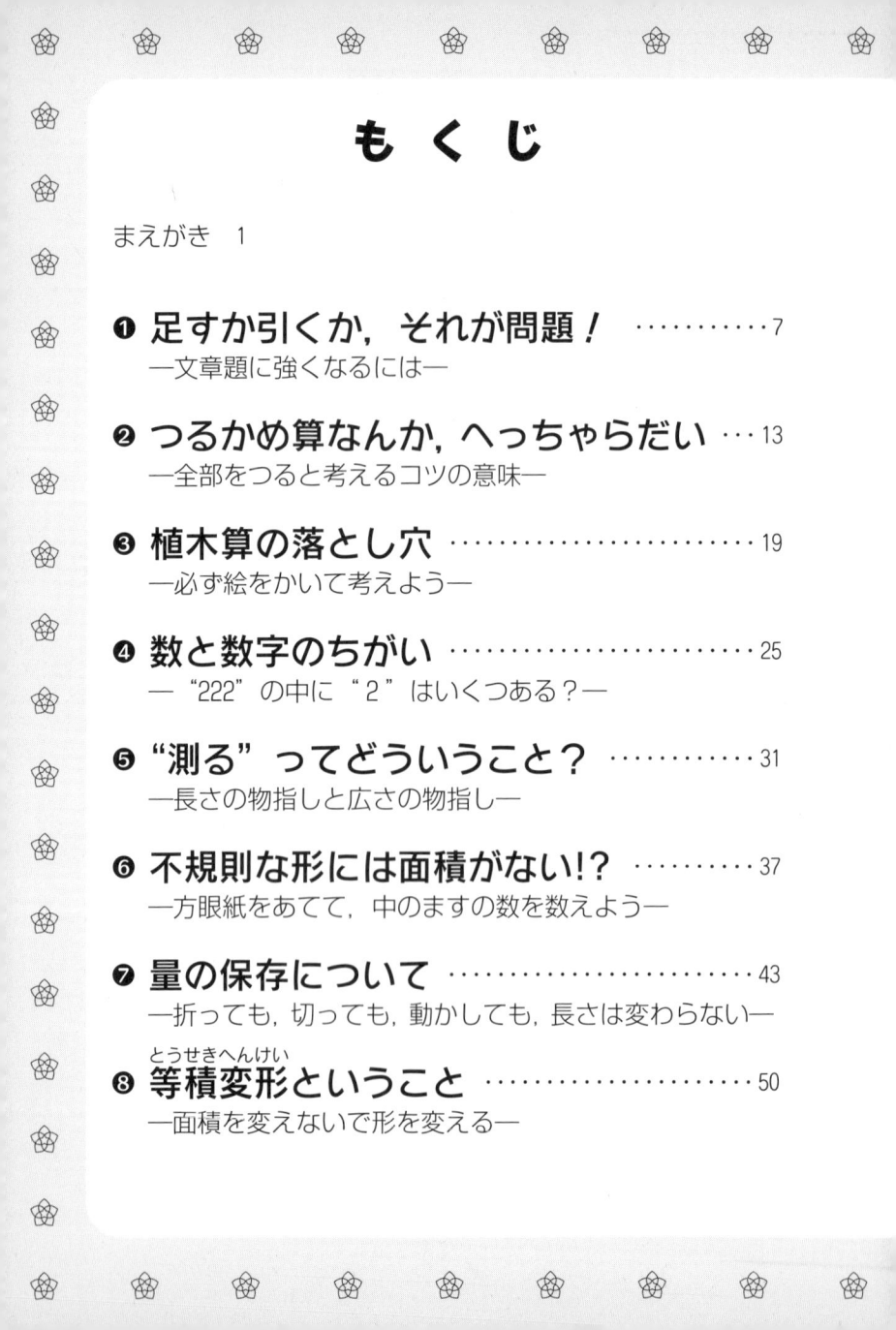

まえがき　1

❶ 足すか引くか，それが問題！ ………… 7
　―文章題に強くなるには―

❷ つるかめ算なんか，へっちゃらだい … 13
　―全部をつると考えるコツの意味―

❸ 植木算の落とし穴 ………………… 19
　―必ず絵をかいて考えよう―

❹ 数と数字のちがい ………………… 25
　―"222"の中に"2"はいくつある？―

❺ "測る"ってどういうこと？ ………… 31
　―長さの物指しと広さの物指し―

❻ 不規則な形には面積がない!? ……… 37
　―方眼紙をあてて，中のますの数を数えよう―

❼ 量の保存について ………………… 43
　―折っても，切っても，動かしても，長さは変わらない―

❽ 等積変形ということ ……………… 50
　―面積を変えないで形を変える―

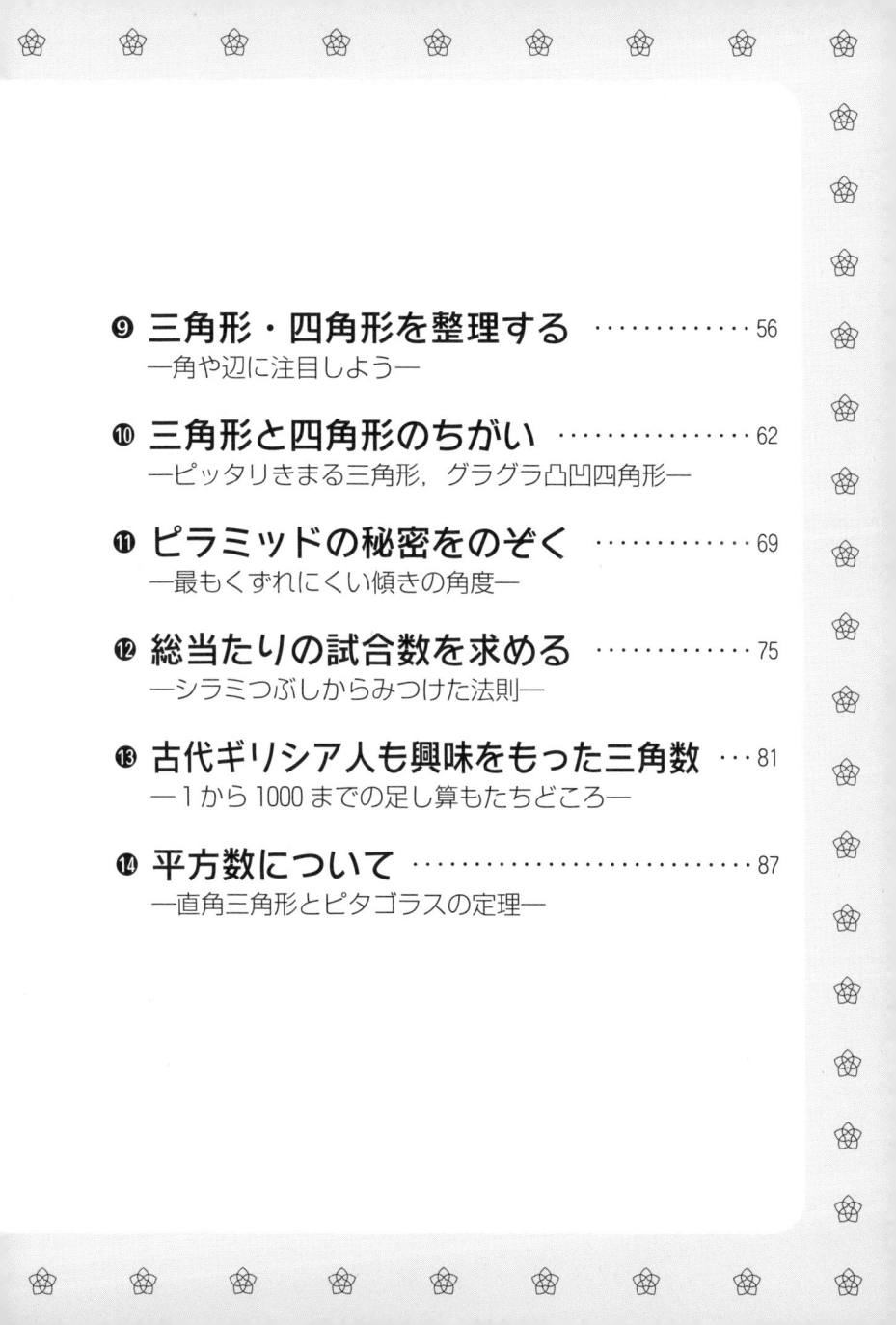

❾ 三角形・四角形を整理する ……………56
　—角や辺に注目しよう—

❿ 三角形と四角形のちがい ………………62
　—ピッタリきまる三角形，グラグラ凸凹四角形—

⓫ ピラミッドの秘密をのぞく ……………69
　—最もくずれにくい傾きの角度—

⓬ 総当たりの試合数を求める ……………75
　—シラミつぶしからみつけた法則—

⓭ 古代ギリシア人も興味をもった三角数 …81
　—1から1000までの足し算もたちどころ—

⓮ 平方数について ………………………87
　—直角三角形とピタゴラスの定理—

足すか引くか,それが問題!
―文章題に強くなるには―

壺算という落語があります。

「ある男が壺屋で100円の壺を買いました。もちろん100円をわたして壺をもらってきたのです。ところが,帰る途中,『大は小をかねる』とでも思ったのでしょう,もっと大きな壺にとっかえる気になりました。それで再び壺屋にやってきて,200円の大きい壺にかえてもらいました。そのまま帰ろうとすると,壺屋の主人が,大きい壺は200円だから,もう100円くれ──と言うのです。それは当然のことです。ところが,この男はこう言いました。

『さきに小さい壺を買うとき,100円をわたしただろう。そしていま,100円の壺をわたしただろう。合計しておまえには200円わたしたことになる。だから,わたしが200円の壺をもらって帰って何が悪い?』」

こう開きなおられて,壺屋の主人は困ってしまい,眼を白黒させる──というお話です。この男の理屈はどこがおかしいのですかね。

もう一つ,変な算数のお話をしましょう。

「3人の男がいっしょに宿にとまりました。1人1000円ず

つで，3人で3000円払いました。

ところがこの宿のおかみさんが，また来てとまっていただきたいので，500円だけ安くしておきましょうと，500円宿代をまけてくれました。そこで3人は，500円をどう分けようかと考えましたが，親切にしてくれた女中さんにチップを200円払うことにし，あとの300円は100円ずつ分けることにしました。

さて，よくよく考えると，変なことになることに3人は気がつきました。それはこんなことです。どの男もはじめ1000円を出して，100円返してもらったので，1人が900円出したことになります。したがって，3人で2700円出したことになります。ところが，女中さんには200円をわたしてあるので，それをふくめても2700円足す200円で，2900円

$$900 \times 3 + 200 = 2700 + 200 = 2900$$

にしかなりません。つまり，

$$900 \times 3 + 200 = 2700 + 200 = 2900$$

しかしはじめ皆で3000円出したのです。100円はどこへいってしまったのでしょう。」

算数をつかうと，物事がはっきりするはずですが，どうも，前の二つの問題は，算数をつかってもおかしいことになりますね。どこがおかしいのでしょうか。

皆さんのなかには，計算はとくいだが，文章で書かれた問題（文章題）はにがてだと言う人がたくさんいるでしょう。計算問題と文章題とはどこがちがうのでしょうか。それは，計算問題には，ちゃんとはじめから，足すなり，引くなり，掛けるなり，割るなり，はっきり書いてあります。3＋2と書いてあるのに，引き算をして1と答える人はないでしょう。6÷2と書いてあるのに掛け算をして12という人はないでしょう。

ところが，文章題には，足すか引くか，掛けるか割るかは，はっきりと書いてないのが普通です。それは，自分できめなくてはならないことなのです。そのためには，文章をよく読んで，事実をはっきり頭にえがくことが必要です。

あるアメリカの本を読んでいましたら，アメリカのある子がこう言ったと書いてありました。それを読んで，わたしも吹きだしてしまいました。

❶足すか引くか、それが問題！

「文章題なんてわけはない。大きい数字がいくつもでてきたら足し算にきまっている。大きい数字が二つだけだったら，きっと引き算さ。だが，小さい数字が二つのときはちょっと考えないといけない。小さい方で大きい方を割ってみて割り切れそうだったら割り算で，割り切れないときは掛け算にすればいい。」

　そうですかね。文章から事実を読みとらないで，ただ数字だけみてこんな計算をする人は，かんぜんにダメです。問題をみなくても，事実をそらでお話しできるくらい，よく文章を読む必要があります。

　さて，前に述べた二つの問題のうち，最初の壺算では，最初に払った100円と，あとにわたした壺の値段100円を加えて200円にしていますね。このとき加えるのは，正しいことでしょうか。どちらも，壺屋に「わたした」というだけで加えていますが，壺屋にはじめの小さい壺を返すとき，100円返してもらうことを忘れていたことに気づいていません。そうでないと「返した」ということになりません。そこであらためて，200円わたして200円の壺をもらってくれば文句はなかったのです。

　わたしが壺屋の主人でしたら，小さい壺を返されたとき，「では100円お返しします」と言って100円先にわたしたでしょう。そうしたら，この男は大きい壺を買ったのに，200

円を払わないわけにはいかなかったでしょう。

　第二のお話。これも，「宿屋に2700円払った」「女中さんにチップとして200円払った」ことは間違いはないのですが，同じ「払った」というだけで，両方を加えてしまったところが問題です。実は，3人が払った2700円は，宿屋に払った2500円と，女中さんにチップとして払った200円の和なのです。そこへチップ代を加えるのはおかしいですね。つまり，
（3人の払った金）＝（宿へ払った金）＋（女中さんに払った金）
　　2700円　　　＝　　2500円　　＋　　　200円
となっているだけです。（たしかに，宿屋は3000円のうち500円を返してくれたので，宿屋には2500円払ったはずです。）2700円に200円を加えると，一体何がでるのでしょう。全然意味がありません。むしろ2700円から200円を引いて，宿に払った金を出すのなら，意味があるでしょう。

　最後に，もう一つ奇妙な算数の問題を出しましょう。こんどは正解を教えませんから，皆さんで考えてください。いろいろな意見にわかれると思いますが，ただできたというだけでなく，なぜ自分の答が正しいかも説明できるようにしてください。

　「ある男が，タバコ屋へタバコを買いに来ました。200円のタバコを買って1000円札を出しましたが，タバコ屋はあ

❶足すか引くか、それが問題！

いにく、こまかい金がありませんでした。そこでタバコ屋のおばさんは、その1000円札をおとなりの菓子屋にもっていって、100円玉10個にしてもらい、そのなかから800円をおつりとして、その男にわたしました。

　ところが、そのあとで大変なことになりました。菓子屋のおじさんが、『いまの1000円はニセ札だ』と言って来たのです。よくみると、たしかにニセ札です。しかも、その男はもういなくなっていました。タバコ屋のおばさんは、しかたがないので、自分のところのホンモノの1000円札を、菓子屋のおじさんにわたしました。

　さて、タバコ屋のおばさんは、一体何円損をしたでしょうか。」
という問題です。最近のニセ札事件にくらべると、ケチな事件ですが、タバコ屋のおばさんのために、考えてやってみてください。

❷ つるかめ算なんか,へっちゃらだい
―全部をつると考えるコツの意味―

　昔から,算数のむずかしい問題の代表のようにされているものに,「つるかめ算」というのがあります。
　「つるとかめがいます。頭の数はあわせて 13,足の数はあわせて 38 です。つるとかめは,それぞれ何びきいるでしょう。」
という問題です。皆さんできますか。
　この問題は,ずっと昔,中国の『九章算術(きゅうしょうさんじゅつ)』という数学の本には,「にわとり・うさぎ算」としてのっていたのですが,それが日本に入ってきてこんな形になったのです。
　だれでもむずかしくって解けないと,しゃくにさわって何かとなんくせをつけるものですが,この問題に対しても,いろいろと悪口を言う人もいました。第一,つるだかかめだかわからないで頭や足の数を数えるなんて,よほどトンマなやつだ。数えるときに,もうつるが何びきか,かめが何びきかぐらいわかっているはずだ——と言う人があります。
　また,こんな問題は,いったい何の役に立つんだ。こんな役にも立たん算数などやっていると,頭がよくなるどころか,反対に頭が悪くなるよ——と言う人もいました。
　しかし,今日まで,算数の難問(なんもん)と言えば,「つるかめ算」

(1)

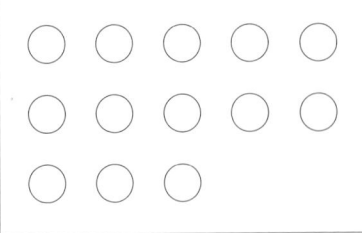

(2)

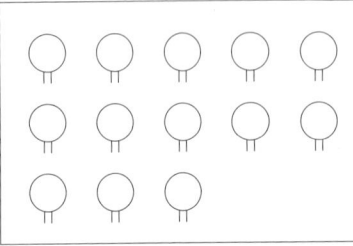

(3)

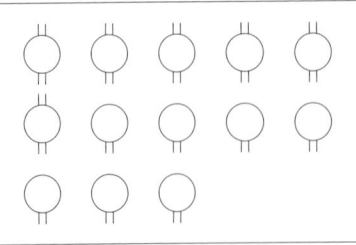

という言葉が出るくらい，人々に親しまれていたとも言えます。できないとかえって気になってしようがない，ということもあるのですね。

そこで，ここでは，だれでも「つるかめ算」がサッサと解ける方法を教えましょう。計算することは全くありません。ただ，問題の意味がわかって，小学校1年生の坊やぐらいに数が数えられればよろしい。

次の手順にしたがって，左のように図をかいていけばよろしいのです。

(1) マルを13かきなさい。

(2) マルに足を2本ずつくばりなさい。1，2，……と数えてくばると26本になります。

(3) あと，さらに2本ずつ，くばれるだけくばりましょう。

27, 28……と38までいきます。

どうです。4本足のかめが6ぴき, 2本足のつるが7ひき, ちゃんとでき上がったでしょう。

頭の数は13, 足の数は38, 間違いありませんね。どこかで, 計算をしましたか。ただ, 38になるまで正しく数えただけです。

あわせて何びきいようと, 足の数が何本であろうと, 図をかくめんどうさえいとわなければ, また, 数え間違いをしなければ, だれにでもできます。

では次の問題はどうでしょう。

「つるとかめがいます。頭の数はあわせて365, 足の数はあわせて800です。つるとかめはそれぞれ何びきいるでしょうか。」

❷つるかめ算なんか、へっちゃらだい

いやだ——と言うでしょう。そんなにたくさんマルをかくのはいやだ，800まで数えるのはめんどうだ，と言うのでしょう。当然です。それでもどうしてもやれと言われたら，どうしますか。マルを365もかきますか，800までむりして数えますか。実は，そうしなくてもよい方法があります。それは「計算」でやることです。計算というのは，めんどうなことに時間をかけないで，能率よくやる方法でもあるのです。

　そのために，はじめのやさしいほうの問題を計算でやってみましょう。

　(2)でつかった足の数，$2 \times 13 = 26$です。

　足は，まだ何本残っているかというと，$38 - 26 = 12$で，12本です。

　この12本はかめのものです。もう2本ずつくばらなくてはなりません。そこで12本を2本ずつくばると，$12 \div 2 = 6$で，かめは6ぴきいることがわかります。

　ぜんぶで13びきでしたから，つるは，$13 - 6 = 7$で，7ひきです。

　このことを，答案として，まじめに書いてみると，右のようになります。式だけが並べてあるので，ちょっとみただけではわからないでしょう。

(正解)
$2 \times 13 = 26$
$38 - 26 = 12$
$12 \div 2 = 6$
$13 - 6 = 7$
つる7ひき，かめ6ぴき

昔の人は,「つるかめ算」では,まず,「全部がつるだと考えなさい」というコツを教えてくれました。もう,皆さんにはこのコツの意味がわかりますね。(2)で全部にまず2本ずつくばったことを意味します。また,上の式では,最初の式がそれにあたります。しかし,こんなコツを教えられただけで,最後までできるとは思えません。やはり,前の図のかき方を頭に入れた上で式をみると,考え方に,ちゃんとすじが通っていることがわかります。

　さて,このように計算できれば,つるやかめが何百ぴきいようと,足が何千本あろうと,もう図をかかなくってもだいじょうぶです。いや実は,頭の中に図をかいているのです。そして頭のなかで,足をくばっているところなど,想像しながら計算してくださいよ。

　さっきの,「頭が365,足が800」の場合だって同じことです。やってみてください。(答は,かめ35,つる330です。)

　ところで,こんな問題は何の役にも立たんじゃないか——という人は,次の問題をやってみてください。

　「赤いリンゴと黄色のリンゴをあわせて13個でくだものかごを作って,値段を3800円にしてもらおうと思います。赤いリンゴは一つ200円,黄色のリンゴは一つ400円です。それぞれ何個ずつにしたらよいでしょうか。(かご代はいりません。)」

❷つるかめ算なんか,へっちゃらだい

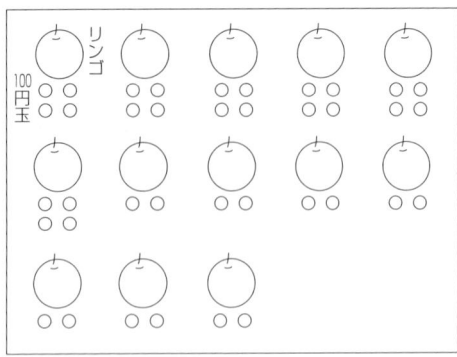

　ちょっと読むと，この問題は，つるかめ算よりも，ずっと日常生活に役立ちそうな問題のようです。

　しかし，上の図をよくみてください。リンゴを買うのに，リンゴ一つずつの前に，100円玉をその値段だけ並べると考えてみてください。これは完全に「つるかめ算」だということがわかります。

　日常生活に役に立つとか，立たないとかいった議論は，そう簡単ではありません。とにかく，算数のおもしろい問題は，いつかは，なにかの形で役立つもののようです。

　大切なことはおもしろいことでしょう。皆さんにとって，つるかめ算はおもしろかったですか。

③ 植木算の落とし穴
―必ず絵をかいて考えよう―

　算数の問題には，どこかに落とし穴があって，まじめにやっても，よくひっかけられることがある。だから，算数なんて大嫌い――という人がいます。わたしも，ときどきそう思うことがありました。自分では100点だと思っていても，「約分がしてないからダメだ」とか，「2×3と書くところを3×2と書いているから減点だ」などと言われると，むしょうに腹が立つことがありました。

　これからお話しする問題も，ひょっとしたら，落とし穴があっていやだと思う人もいるかも知れません。ほんとうはまじめな話なのですが，じょうだんに，お友だちをひっかけるのにつかっても，大して悪くはないでしょう。

　まず，こんな問題をやってみてください。

　「ある人は，1本のまるたん棒を3つに切るのに4分かかります。この人は，こんなまるたん棒を6つに切るには何分かかるでしょうか。」

　3つに切るのに4分だから，6つに切るのには8分――と考えたら，まんまとひっかかったことになります。えらそうに，比例をつかって，

　　　$3:4 = 6:x, \qquad x = 8$

などとやったら、それこそ出題者は大喜びでしょう。

3つに切るには2回切ればよい、6つに切るには5回切ればよい——ということに気づけば、正解はすぐえられます。1回切るのに2分だから、5回切るには10分かかることになります。

こう言えば、すぐに想い出すことがありませんか。そうです。「植木算」です。

「135mの道に沿って、3mずつの間かくで木を植えます。両端に植えなかったら、何本の木が植えられるでしょうか。」

こんなときに、早がてんして、

135 ÷ 3 = 45

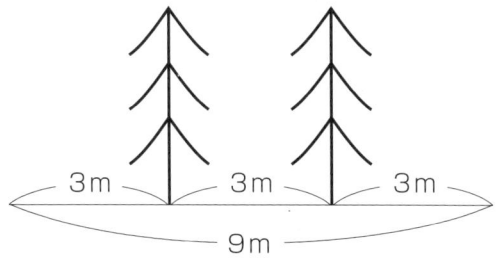

で45本とやってはいけませんね。

　植木算も，昔からよく知られた算数の問題です。つるかめ算」のようにむずかしくはないのですが，うっかりするとひっかかるので，要注意問題として知られるようになったのでしょう。

　ひっかからないためには，どのように注意すればよいでしょうか。その注意は三つあります。

　第一は，簡単な場合で考えることです。

　たとえば，135mの間に，3mの間かくで木を植える——という問題でも9mの間に3mの間かくで木を植える——という問題でまず考えてみることです。

　第二は，簡単な場合でも絵をかいてみることです。

　たとえば，9mの道に3mごとに植えるのならば，上のような絵をかいてみることです。

　第三は，何といっても，まずよく注意して問題を読むこと

です。

　とくに，両端には植えるのか植えないのか。両端に植えないのなら，木の数は間（あいだ）の数より一つ少ないし，両端に植えるのなら，木の数は間の数より一つ多いはずです。9÷3ででてくるのは，木の数でなくて，間の数です。

　この三つのことがらは，単に植木算をとくだけでなく，算数のどんな問題をとくときにも注意しなくてはならないことです。

　植木算がでたついでに，それに関係した同じような問題を一つ二つやってみましょう。ここでも前に述べた注意をよく守ってください。

「135ｍの道の間に，10本の木を同じ間かくに植えたいと思います。何ｍごとに植えたらよいでしょうか。両端にも植えることにします。」

　これも，9ｍの間に3本植える場合を，絵にかいて考えてみましょう。

「まわりが，135ｍの池があります。そのうちに沿って，5ｍごとに木を植えようと思います。何本の木がいるでしょうか。」

　これもやはり絵をかいてやってみてください。

「はばが12ｍの壁（かべ）に，0.5ｍのはばの額ぶち（がく）を4つかけたいとおもいます。両端も，額ぶちの間も，同じはばだけあけ

たいと思います。何mずつあけたらよいでしょうか。」

これは、むずかしいですか。額ぶちに必要な長さは0.5×4＝2で2mです。のこりの12－2＝10mを、いくつにわけるのか、考えてみましょう。4つにですか。5つにですか。どんな絵をかきましたか。

さて、以上の植木算は、もともとまじめな問題ですから、間違えるほうが悪いと言えます。それは、前の注意を守らないで、問題をよく読まなかったバツかも知れませんよ。

しかし、次の問題は、多少ふざけています。ですから、友だちとのあそびとしてつかってください。こんな問題でも、用心深く考える習慣をつけるのに役立つかも知れませんけれど。

〔問題〕井戸のなかに一ぴきのカエルがいました。文字通り、「井の中の蛙（かわず）」というやつです。一度、地上へでて、広く世のなかをみてみようと思いました。井戸の深さは水面から地上までちょうど10mありました。

このカエルは、1分間に3mのぼることができましたが、何しろ運動不足で疲れます。そこで1分間休むことにしました。ところが、困ったことに、1分間休んでいる間に、ズルズルとすべって、2mも下ってしまうのです。つまり1分間に3mのぼっては、次の1分間に2mずり落ちるというわけです。さて、この調子だったら、このカエル君は、地上に

❸植木算の落とし穴

でるまでに何分かかるでしょうか。
　そう，2分間に1mのぼることができる。井戸の深さは10mだから——とやると答は20分ということになりますが，果たしてそれでよろしいでしょうかね。

数と数字のちがい
― "222" の中に " 2 " はいくつある？―

皆さんのあるお友達が，右のような計算をしているのをみかけました。

```
1 + 2 + 3 + 4 + 5
= 3 + 3 = 6 + 4
= 10 + 5 = 15
```

たしかに答はあっていますね。しかし，書き方はこれでいいですか。「＝」は等しいことを示す記号で，等号と言われています。ですから，

1 + 2 = 3,　　1 + 2 = 2 + 1

は正しい等号の使い方ですが

1 + 2 + 3 + 4 + 5 = 3 + 3,　　3 + 3 = 6 + 4,
6 + 4 = 10 + 5

というのは，ちょっと変ですね。

等号を三つも四つもつづけるのだから，これでもいいという人があるかも知れませんが，実は，たとえば，A = B = C というのは，A = B と B = C という二つの式をつづめて書いたものです。つまり略記したものです。

ですから，1 + 2 + 3 + 4 + 5 = 3 + 3 = 6 + 4 は，1 + 2 + 3 + 4 + 5 = 3 + 3 と 3 + 3 = 6 + 4 とをつづめたもの，ということになりますが，あとの二つの式はどちらも間違っていますね。じゃ，どう書いたらよいのでしょうか。それに

は，めんどうでも，右のように，計算しないところもちゃんと書いておかなくてはいけません。こうすれば，どの等号をとっても，その両側には等しいものがくるはずです。

```
  1 + 2 + 3 + 4 + 5
= 3 + 3 + 4 + 5
= 6 + 4 + 5
= 10 + 5 = 15
```

　では，「等しい」ってどんなこと？——と問う人がいるでしょう。そんなことはわけはない，答えが同じになる式が等しいにきまっている——と問題にしない人もいるかも知れません。実は，「等しいとはどんなことか」というのは，かなりむずかしい問題です。

　似た言葉に「同じ」という言葉があります。「等しい」というのは「同じ」ともちがいます。「同じ」というのは，全く区別がつかないということでしょうが，「同じ」でなくても「等しい」ことがあります。

　たとえば，3と3は「等しい」どころか，数字としても「同じ」です。ところが，1＋2と3とは，「等しい」けれども，数字としては「同じ」ではありませんね。

　おもしろい話をしましょう。この間，歯医者さんのところへ行きましたら，ずいぶん待たされそうでした。たいくつしたくないので，ちょうどこれも待っていた2人の子どもさん

と話をすることにしました。1人はまだ1年生になったばかり，もう1人は4年生ぐらいでした。

　わたしは，その小さい子に「222」と「2」という二つの数字を書いて，

　「222のなかに2はいくつあるか」とききました。もちろん，この数字を「二百二十二」なんて読みませんでした。指さして，「これ（222）のなかに，これ（2）はいくつあるか」と言ったんです。

　この1年生の坊やはすぐに答えました。

　「三つ！」

　そばにいた4年生坊や——おそらく1年生坊やのお兄ちゃんだったでしょう。すぐにこう言いました。

　「バカだなお前は，三つじゃないよ。111だよ。」

❹数と数字のちがい

それで，わたしが，兄き坊やの方に言いました。

「じゃ，数えてみなさい。一つ，二つ，三つ。この（222）のなかにはこれ（2）は三つしかないじゃないか。」

4年生の兄き坊やが言いました。

「おじさんもバカだな，割算ができんのか。」

これにはまいりました。しかし，ほんとうに困ったのは，この兄き坊やだったようです。どうみたって2は三つしかないのに，ほんとうは，111であることを，どうやって弟坊やに説明してやるか，全くわからなかったからです。

このことをはっきりするためには，「数」と「数字」ということを区別しなくてはなりません。そして，同じ数でも，いろいろな数字であらわされることに注意しなくてはいけません。たとえば，計算につかう算用数字「2」も，漢数字「二」もローマ数字「Ⅱ」も，みな同じ「数」をあらわしていますが，「数字」としてはちがっています。

それどころか，次のような式も，みな同じ数をあらわしている「数字」と考えられます。

$$2, \quad 1+1, \quad 3-1, \quad 2\times1 \quad 4\div2$$

こう考えると，数字というのは，数の名前のようなものです。たとえば，同じ人でも，いろいろな名前をもっていることがあります。ペン・ネーム，ニックネーム，愛称などなど，同じ人にもいろいろな名前がありましょう。ちょうどそ

のように，同じ数でもたくさんの名前をもっているのです。その名前が，数字であったり式であったりするのです。

「林君には木が二つある」と言われると何のことかわかりませんが，「林」という字をよくよくみると木が二つあります。つまり，林君という人間について話をしているのか，それとも，「林」君という名前あるいは字について話をしているかがはっきりしないと，とんだ混乱がおきます。

前の1年生坊やは222という数をあらわす数字つまり，その数の名前について考えていたのですが，兄き坊やの方は，222という数そのものを考えていたのです。

❹ 数と数字のちがい

この問題のあとで，わたしは，もう一つ同じような問題を書いて示しました。それは，

「2　と　3　とどちらが大きい？」

という問題でした。1年生坊やはどう答えたと思いますか。それをみて兄き坊やはどう言ったと思いますか。

　大きく書いた2のほうが，小さく書いた3より大きいという人は，数字について話をしているのです。しかし，やはり3のほうが2より大きいという人は，数字でなく数について考えているのです。

　そこで前の式にかえりましょう。式は数の名前だと考えれば，二つの式が「等しい」というのは，それがどちらも，「同じ」数の名前だということになります。1＋2＋3＋4＋5という式は，3＋3とは等号でつなげないのは，それが「同じ」数の名前ではないからです。

　同じ数でもたくさんの名前をもっています。前の例のように，2でもいろいろな式で書けます。そのなかで「2」が，いちばん簡単な名前です。いちばん簡単な名前にむけて，等号をつかってなおしていくのが，「計算」ということです。

⑤ "測る"ってどういうこと？
—長さの物指しと広さの物指し—

ちょっと古い話から始めましょう。

わたしたちは，十進法になれていますから，1ミリメートルの10倍が1センチメートル，その100倍が1メートル，その1000倍が1キロメートルとなっていることに，何の不思議さも感じません。ところが，長さにせよ，面積にせよ，小さい単位を10倍して大きい単位をつくるということは，歴史的にみると，むしろ異常だったのです。

たとえば，いまはほとんどつかわれなくなりましたが，日本の尺貫法では，長さの単位は次のようになっています。

10寸＝1尺，　　6尺＝1間，　　60間＝1町，
36町＝1里　　（1寸＝3.03cm）

イギリスやアメリカでは，まだつかわれているヤード・ポンド法でも，長さの単位は次のようになっています。

12インチ＝1フィート，　　3フィート＝1ヤード
（1インチ＝2.54cm）

ここでは，別にこんな単位を覚えてもらおうというのではありません。大きい単位と小さい単位との間の関係は，必ずしも10倍や100倍になっていなくてもよいということを知っていただきたいのです。

そこで本題へ入りましょう。ここでは，長さや面積を「測る」とはどんなことか——ということを考えてみようと思います。

まず，長さを測るのに，どんな手順をとるかを考えてみましょう。ともかく，測るのには，きまった長さの物指しがいります。それを単位の長さにします。そして，それが測ろうとする長さに何回あるかをまず調べます。

測ろうとする長さが，単位の長さのきっちり何倍かになっていれば幸いですが，大ていの場合は少しはしたがでます。そのときはどうするか。

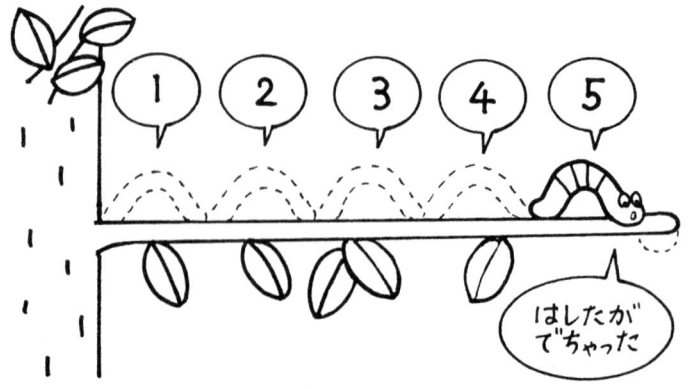

そのときは，はじめの単位を何等分かして，小さい単位をつくって，それで測ります。このとき単位が1メートルであれば，それを100等分して1センチメートルという小さい単位をつくりますが，前にのべた，尺貫法や，ヤード・ポンド法では，必ずしも10等分や100等分になっていません。ともかくも，はじめの物指しを何等分かして，小さい物指しをつくって，それではしたを測ります。

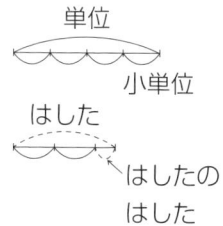

いまの場合，はじめの単位を4等分して小さい物指しをつくり，それを単位にして，はしたを測ってみました。2回あって，またはしたがでたところを，上の図は示しています。

このように，またはしたがでたら，小単位をさらに何等分かして，より小さい物指しをつくり，それを単位にして，そのはしたのはしたを測るのです。そして，以下この手続きを何回でもくり返せば，どこまでも正確に測れるはずです。といっても，そのうちに眼にもみえないような小さい単位になるので，実際はどこかであきらめなくてはならないでしょう。

面積の場合についても同じことです。次頁の図のように長方形の面積はどうして測るかも，同じことです。まず，一つの正方形を単位ときめて，それを物指しにして測るのです。

つまりその正方形を，その形にできるだけいくつもしきつ

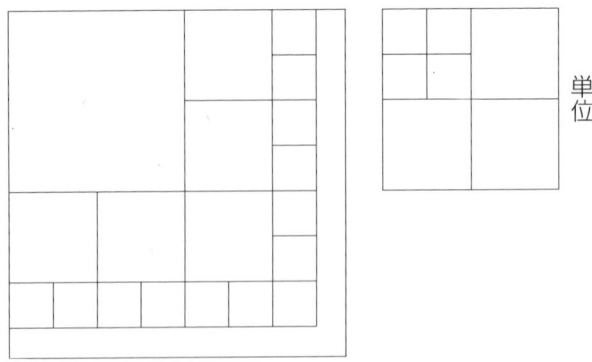

めるのです。(図では1個しか入れられませんでした。)

次のすき間には,単位の正方形の4分の1の正方形を,五つしきつめてみました。それでもすき間があるので,その小さい正方形のさらに4分の1をしきつめてみました。13個しきつめても,まだすき間があります。

単位の正方形を「大・中・小」とすれば,この長方形の面積は,大体,「1大・5中・13小」であると言ってよいでしょう。4中=1大,4小=1中ですから,くりあげをやって,「3大・1小」と言ってもよいことがわかりますか。

以上から,長さにしろ,面積にしろ,それを測るには次のような手続きがいることがわかります。

(1) まず,単位をきめて,それで測れるだけ測る。
(2) はしたがでたら,もとの単位を何等分かして小さい単

位をつくり，それでまた測れるだけ測る。
(3) またはしたがでたら，(2)の手続きをくり返す。

あるところで，はしたがでなくて，キチンと測れたら幸いです。しかし何回やってもはしたがでることもありうることです。単位が小さくなって，眼にみえなくなってしまったからやめたというのではありません。顕微鏡（けんびきょう）をつかってもやれなくなったというのではありません。理屈から言っても，決しておしまいにならないことがあるということがわかってきたのです。

それは，紀元前500年ごろの古代ギリシアでのことでした。ピタゴラスという偉い数学者が次のことに気づいたのです。

それは，正方形の対角線の長さは，その正方形の1辺を物指しにとって測るとどうしても測りきれないということを発見したのです。前の測る手続きを何回くり返してもいつもはしたがでる——ということに気づいたのです。

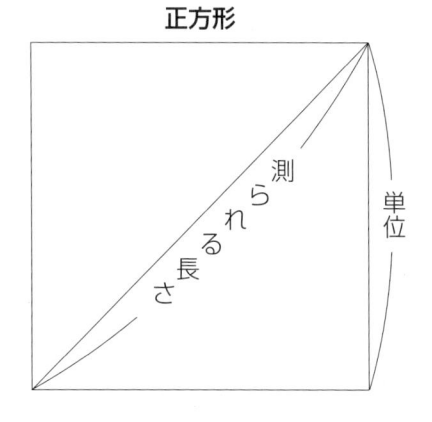

正方形

測られる長さ／単位

❺ "測る" ってどういうこと？

この理屈は，皆さんに説明するには大変むずかしいので，

ここではそれにふれません。中学校へ入ったら，多少わかってくるでしょう。ただここでは，ピタゴラスのこの発見が，なぜ重要なものであったかについて，お話ししておきましょう。

　それは，古代のギリシア人は，ピタゴラスまでは，線は点が集まってできるもの——と考えていたのですが，ピタゴラスは，そう考えるのは誤りだということを，はっきりさせたからです。

　もし線が点からできているのならば，点をいちばん小さい単位にとれば，その線はキッチリと測れるからです。ところが，どんなに小さい単位をつくっても，測れないことがあるとなると，線は点が集まってできるなどと，簡単に考えてはならないことになったからです。

　古代のギリシア人は，長さや面積のような量も，整数や分数と同じようなものだと考えていましたが，ピタゴラスは，整数や分数ではあらわせないような量もあることをはっきりさせたのです。それは，量を測るとはどういうことかを，深く考えてみたことから，気づかれたことです。

❻ 不規則な形には面積がない！？
―方眼紙をあてて，中のますの数を数えよう―

　ある本を読んでいて，思わずふき出したことがありました。それは，先生がある生徒と話している場面でした。

　　先生　「面積ってどんなこと？」
　　生徒　「縦（たて）かける横（よこ）です。」
　　先生　「じゃ，この形の面積は？」
と言って，先生は下のような形をかいてみました。
　　生徒　「なかの広さ」
　　先生　「でも，いま，縦かける横と言ったでしょう？」
　　生徒　「アラ，縦がない，横もない。じゃ，この形に面積ってないんだ。」
　　先生　「でも，広さならあるでしょう。」
　　生徒　「じゃ，半径かける半径かける3.14だ。」
　　先生　「半径もないでしょう。」
　　生徒　「やっぱり面積ってないんだ……」

　そうですかね。この子は，面積ということが，ぜんぜんわかっていないようです。たしかに，長方形や円の面積は知っ

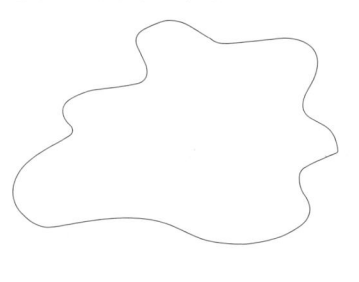

ているようですね。おそらく，三角形や平行四辺形の面積なら，この子は計算できるかも知れません。しかし，次のような形には，面積はないと思っているようです。

　このような形には，面積はないのでしょうか。そもそも面積って，いったい何でしょうか。

　もしも，(1)，(2)，(3)が，同じ厚さの板チョコだったら，皆さんは，どれをとりますか。(3)はとらないでしょうね。なぜなら，いちばん小さそうだから。

　(1)と(2)のどちらをとるかについては，だれでもまようでしょうね。「わたしは長いのが好き」といって(2)をとる人はいるでしょうが，「(2)は長いから大きい」と考えて(2)をとる人は困ります。なぜならば，細くて長い棒チョコの方が，板チョコより大きくて得だと考えるわけにはいかないからです。

　同じ厚さの板チョコなら，面積の大きい方が得にきまっています。こんな不規則な形の面積とは，どんなことな

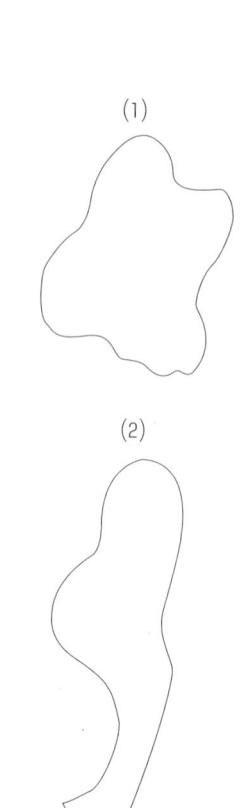

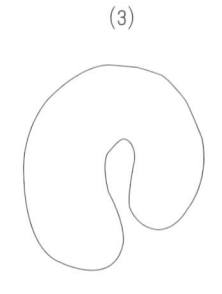

のでしょうか。また，どうしてくらべるのでしょうか，考えてみましょう。

　長さでも，直線の長さはすぐにくらべられます。並べてみればよいでしょうし，直接並べられなければ，物指しをつかってくらべてもよいでしょう。しかし，直線でない線，つまり，曲線の長さはどうしてくらべるのでしょう。それには，たとえばコンパスを少し開いて，それで曲線を切っていけばよいのです。

❻不規則な形には面積がない⁉

　実は，ここには，大変だいじな考え方があるのです。それは，曲線の長さは，ごく小さい物指しをつかって測るということです。この場合，ごく小さい物指しというのは，コンパ

スの間の長さのことです。それは，曲線を同じ長さの小さい直線からできた折線とみなしていることに注意することが大切です。コンパスの間を小さくすればこの折線は，曲線にいっそうよく似てきます。

　面積を測るのも，実はこのように長さを測るのと全く同じことです。曲線の長さを，小さい物指しで測ったように，不規則な形の面積も，小さい物指しをつくって測ればよいのです。

　もちろん，長さを測る物指しが長さであったのですから，面積を測る物指しは面積でなくてはいけません。つまり，面積を測るには，小さい正方形を物指しにとって，それをつかえばよいのです。それを，形の内部へしきつめられるだけしきつめると，その小さい正方形の数が，面積をあらわすものと考えるのです。

　右の図がそれを示しています。この図をみたら，皆さんはこう言うでしょう。

「なんだ，透明な方眼紙を上にのっけただけじゃないか。」

　実際，そうなのです。形の内部に，方眼紙のますがいくつあるかによって面積が測れるのです。これは，ちょうど，

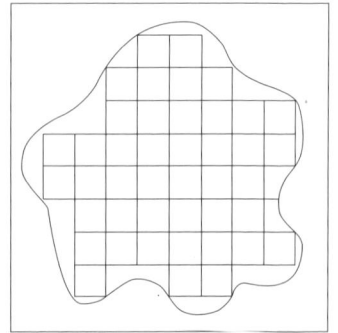

曲線を折線とみてその長さを測ったように，不規則な形の面積を，多くの正方形でつくられた形，つまり多角形とみて測っていることになります。

　しかし，こう言って抗議(こうぎ)する人があるかも知れません。

「でも，まだ，すきまがあって，多角形の面積はこの形の面積とは言えないのではないか」と。

　もっともです。

　長さの場合，コンパスの間をもっとせばめて，もっと小さい物指しをつくってやれば，曲線によりよく似た折線ができたように，面積の場合も，もっと小さい正方形をつかえば，もとの形にもっとよく似た多角形ができて，面積はもっと正確に測れるでしょう。

　こうしてみると，不規則な形にも面積が考えられます。それは正方形の数であらわすことができます。そして，長さを測るのに，たとえば1メートルとか，1センチメートルのように，きまった長さを物指しにとるのと同じように，1辺が1メートルの正方形や，1センチメートルの正方形を物指しにとって，面積をあらわすのがふつうです。そして，その正方形の面積を，それぞれ1平方メートル，1平方センチメートルというのです。

　たとえば，4平方センチメートルの面積というのは，この1平方センチメートルの正方形の4個分の広さということで

❻不規則な形には面積がない⁉

みんな4平方
センチメートル

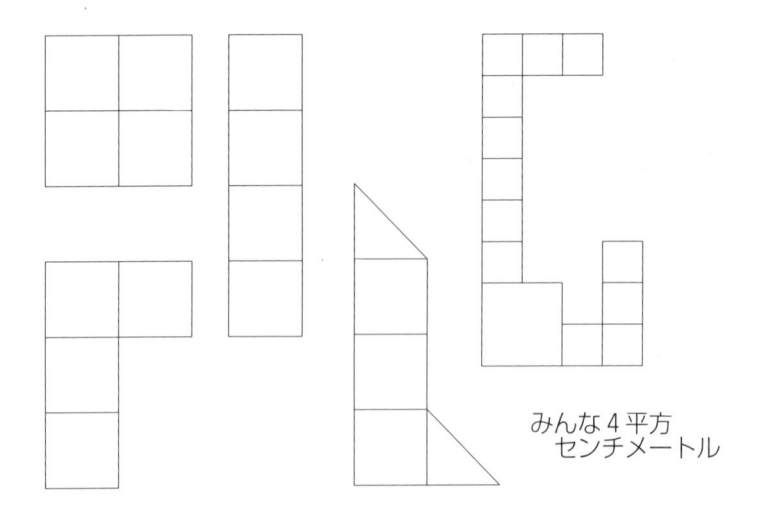

す。別にこの正方形を4つ集めてつくった形でなくてもいいのです。

　この4つの正方形をさらに細かく切ってそれを並べてつくった形でも、やはり4平方センチメートルの面積をもっているというのです。図はいずれも4平方センチメートルの形です。

　実は、細かく切っても、面積は全体として変わらないことは、あたり前のことのようですが、面積を考えるのに、大切なことです。これについては❼にのべましょう。

7 量の保存について
―折っても，切っても，動かしても，長さは変わらない―

　スイスに，ピアジェという偉い学者がいました。1980 年に 84 歳で亡くなられた方ですから，30 年ほど前まで生きておられた方です。
　この先生は，幼い子どもを相手にして，いろいろおもしろい実験をしておられるので，それを一つ二つまず紹介しましょう。
　相手は 4 歳か 5 歳の子どもだと思ってください。小学校の上級生ともなれば，もはやこんなことはないでしょう。

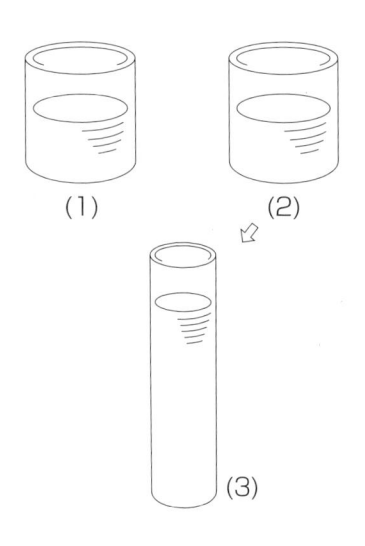

　この子どもに，左の(1)，(2)のように，同じコップにジュースを同じだけ入れて，「どちらが多い？」とたずねるのです。もちろん，この子は「同じ」と答えるでしょう。そこで，(2)を(3)のように細長いコップにあけて，「どちらが多い？」とまたたずねます。
　皆さんだったら，もうど

こっちが多い

あっずるい

ちらも同じだと答えるでしょうが，4，5歳の子どもは，「(3)が多い」と言うのです。たしかに，細長いコップに移せば，水位は高くなります。しかし，それは決してジュースがふえたわけではありません。この子は，コップは高くても，幅は小さくなったことに気がつかないのか，気がついても問題にできないのでしょう。とにかく，ジュースは入れものによって，ふえたり，へったりすると考えているらしいのです。

　実際，水にしろ，ジュースにしろ，入れものによってそのかさは変わらないということがわからなければ，かさを測ることはできませんね。水筒のお茶の量を測ろうとしてコップに入れたら，お茶がへってしまった——ということになったら，それは手品みたいにケッタイなことです。どんな容器に入れても，どんなに形が変わっても，かさは変わらないと

(1)

(2)

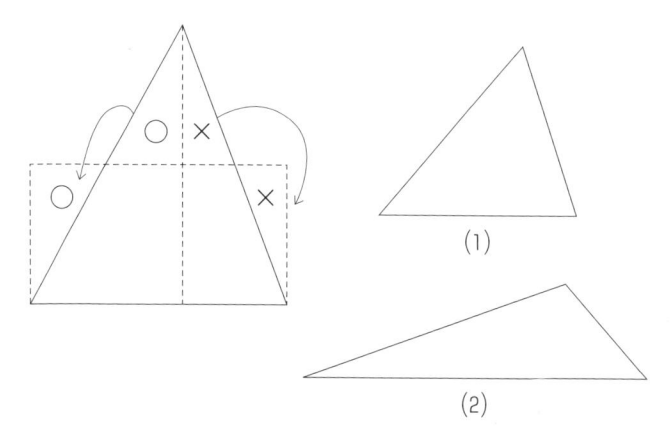

いう信念がないと,測る気にはならないでしょう。

　いまは,水やジュースなどのかさのことを言いましたが,長さや面積などについても同じような信念がないと測れません。たとえば,一本の線の長さは,位置を変えても,二つに折っても,またいくつかに切っても,全体として長さは変わらないと考えないと,線の長さについては語れません。

　ピアジェ先生は,このことを「量の保存(ほぞん)」と言いました。量の保存のできないうちは,量を考えることができないというのです。

　量によって保存ができるようになる年齢がちがっているようです。皆さんのなかに,上の二つの三角形(1),(2)のうちで,(2)のほうが面積が大きいと考えている人はありませんか。実際,みたところ(2)の方が横に長いので大きくみえます。しか

し,だから(2)の方が大きいという人は,(2)の方は底辺は大きくても高さが小さいことを忘れているのです。もう,三角形の面積の公式を知っているでしょうから,それをつかってくらべてみれば,(2)の方が小さいことはわかります。

　しかし,三角形の面積はなぜ,

　　（底辺）×（高さ）÷２

の公式ででるのか,わかりますか。

　「こんなことは,とっくに習ったから知ってるよ」と,皆さんは言うでしょう。そのわけは,三角形をどうして長方形になおすかということでしたね。いろいろな方法がありますが,前頁の図はその一つのやり方を示しています。

　ここでは,三角形を細かく切って,それを動かして長方形をつくっていることに注意してください。いいですか。こんなことをしても,面積は途中で変わらないという信念がないとできないことですよ。いくら長方形の面積を知っているからといっても,切ったり,動かしたりする途中で面積がふえたり,へったりしたら,なんにもなりません。つまり面積が保存されていることがわからなければ,三角形の公式さえつくれないのです。

　ちょっと話がそれるかも知れませんが,おたずねしておきたいことがあります。長方形の面積は,なぜ,縦×横ででるのでしょうか。ばかにするな,そんなことはとっくにご存知

さ——と言われるならばけっこうです。念のために申しますと，これも，❻で述べたように，正方形をしきつめることになるのです。ただ，正方形の数をはやく数えるために，縦×横と掛け算をするだけです。

　平行四辺形の面積を求めるにも，台形の面積を求めるにも，やはり部分的に移動させて，長方形にしていることを思い出してください。公式は，そこからつくられるのです。そして，そのように切っても，動かしても面積は保存されるという信念がそこにもあることに注意してください。

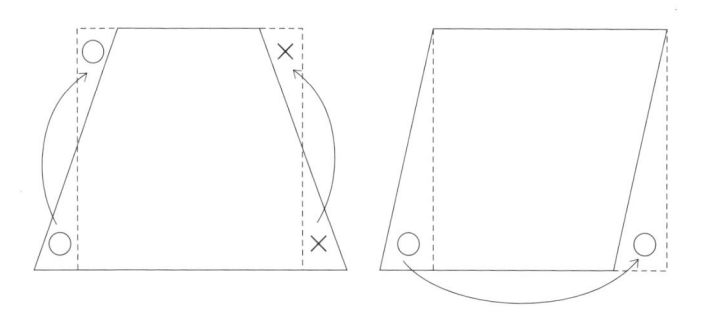

　こう言えば，板チョコは，細かく割らないでちゃんとした1枚でもらうのがよいヨー——という人があるかも知れません。もちろん，1枚のチョコは，細かく割っても，その面積，体積は保存されていて，変わりはないですね。ただ，コナゴナに割らないで，1枚の方がよいというだけです。

　ピアジェ先生は，かさのような量だけでなく，数について

❼量の保存について

(A) ○ ○ ○ ○ ○ ○

(B) 　　○○○○○○

も保存の研究をしておられます。並べ方によって数が変わると思う子はまだ数がわかっていないのです。わたしの経験をお話ししましょう。

　あるお母さんが、子どもをつれて、わたしのところへきました。このお母さんは、この子がまだ学校へ入る前なのに、20まで正しく数えられるのを自慢にしていました。この子は天才だと思っているかのような口ぶりでした。

　わたしは、おはじきを図のように2列つくってみせて、どちらの列が多いか——と子どもにききました。子どもはすぐ「こっち（A）が多い」と言ったので、お母さんはびっくりしました。「よく数えてみなさい」と叱るように言いました。子どもは「1、2、3、…………」と両方とも正しく6まで数えました。

　お母さんはわたしにとって代わって言いました。「いくつあったの。」

　「どちらも六つ」と子どもは答えました。

　「じゃどっちが多いの」と言われて、子どもはちょっと考えて言いました。

「やっぱりこっち（A）が多い。」

お母さんはあきれた顔をして言いました。「この子，ばかじゃないかしら。」

並べ方によって数がちがうと考えている間は，まだ数がほんとにわかっていないのです。

❼量の保存について

⑧ 等積変形ということ
とうせきへんけい
―面積を変えないで形を変える―

　図形の面積というのは，大まかにいって，そこへしきつめた単位の正方形の数ということでした。同じ数だけの正方形がしきつめられる図形は，同じ大きさの面積をもっているということになります。しかし，長方形の場合は，キチンとしきつめれば，その数を数えるのがてっとりばやくできる。つまり，縦かける横としてすぐに求められるので，どんな形でも長方形になおして面積を考えることが便利です。

　実は，三角形にせよ，平行四辺形にせよ，台形にせよ，皆さんのならった面積の公式は，いずれもそれらを長方形になおすという考え方がもとになっているのです。

　たとえば，平行四辺形は，片方の出っぱった三角形の部分を切りとって，反対側にくっつけると長方形になります。

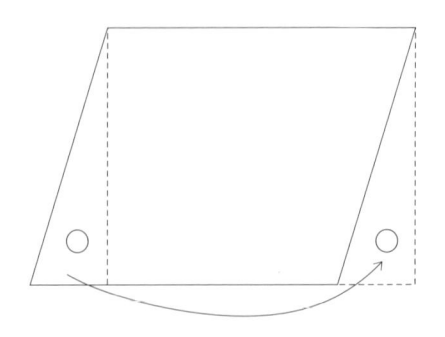

（平行四辺形の面積）＝（底辺）×（高さ）

という公式は，このように，平行四辺形を長方形になおすという考え方がもとになっているのです。

そのさい，運搬の途中で，三角形がのびたり，ちぢんだりすることはない，つまり，全体の面積は変わらない，という信念のもとに，作業が行われているんだ――ということも前に話しましたね。

三角形は，そのまま長方形になおせますが，2倍して平行四辺形になおしてから長方形にしたあとで半分にしてもよろしい。

台形の面積の公式も，これと同じように，台形を長方形になおすということからつくられます。もう公式は知っているでしょうが，三角形の場合と同じようにできますので，やってみてください。ただここでは，そんな作業をするだけでなく，図形の面積を求めるには，長方形になおすという考え方がもとになっていることを，はっきりと記憶しておいて

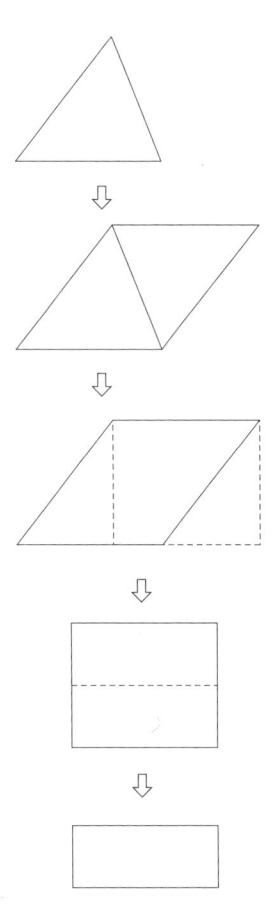

❽等積変形ということ

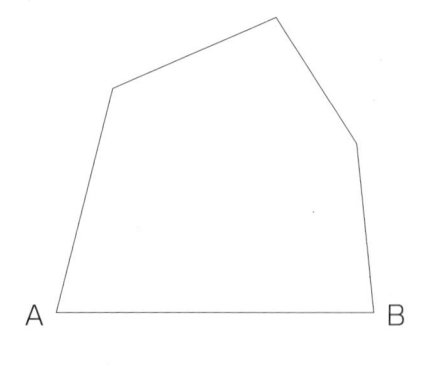

ください。

　さて，こんどは，図のように，全く不規則な図形を長方形になおすにはどうしたらよいでしょうか。

　これは，こんな問題にもなります。

「図のような五角形の土地があります。これを，AB上に一つの辺がくるような長方形に，面積を変えないでうつすには，どうしたらよいか。」

　このごろよく，土地の区画整理ということが行われていますが，この問題はそれでしょう。かっこうのよい長方形にしたいが，面積は変えてほしくないというのです。

　もちろん，この面積を測定して，それと同じ大きさの長方形をつくることはわけはありません。たとえば，この五角形を三つの三角形にわけて，それぞれ底辺と高さを測って面積を出せば，この五角形の面積もでます。1辺は10メートルの長方形にしてくれと言われれば，他の1辺をだすことはわけないでしょう。

　しかし，ここでは，面積を測らないで，形を変えるだけで

この五角形を長方形にしようというのです。面積を変えないで,図形の形を変えることを等積変形と言います。

ここでは五角形の等積変形をやりたいのです。

そのために,まず三角形の等積変形を考えましょう。

三角形の面積の公式は,

　　（三角形の面積）＝（底辺）×（高さ）÷2

ですから,右の図は,どの三角形もみな同じ面積をもっていることがわかります。つまり,頂点Bが,底辺に平行な直線アイの上のどこにあっても,三角形 ABC の面積は同じになるのです。

実は,このことをつかうと,四角形は簡単に三角形に等積変形することができます。下の図をごらんなさい。

Bを通って AC

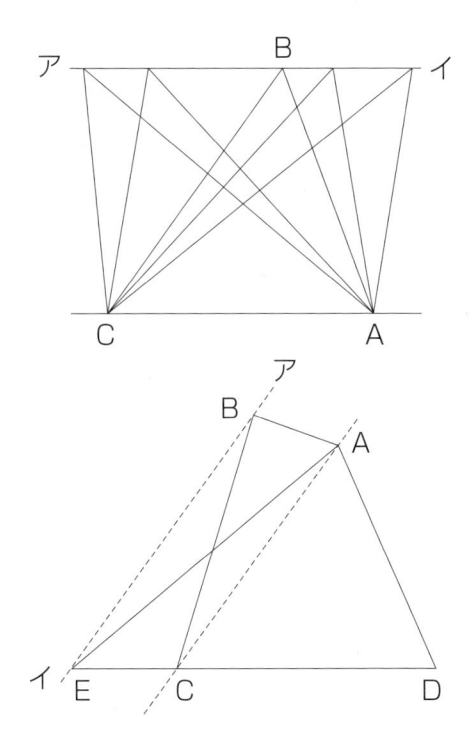

❽ 等積変形ということ

に平行な線を引き，それをアイとすれば，Bは，アイの上のどこにあっても，三角形 ABC の面積は同じです。

そこで，とくにアイが，DC の延長と交わるところ，E をとれば，三角形 AEC は，三角形 ABC と同じ面積のはずです。したがって，三角形 AEC に，三角形 ACD をくっつけてできる三角形 AED は，もとの四角形 ABCD と同じ面積をもった三角形です。

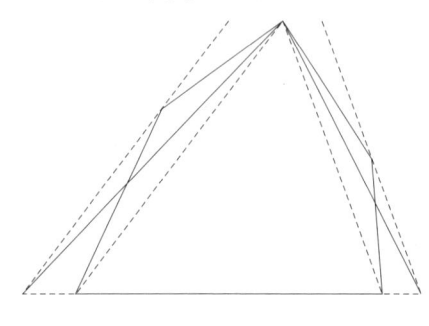

このことをつかうと，五角形を三角形になおすことは，容易にできますね。左の図をみてください。右左のでっぱった三角形の部分を，前と同じ手続きによってつぶしてしまいました。つまり，前の四角形を三角形になおす手続きを2回やったことになります。

三角形になおしたら，これを長方形になおすことは，もうすでにやりましたので，ここでは省略しましょう。

こうしてみると，どんな多角形でも，同じ手続きでかどをつぶしていけば，三角形へ等積変形できることがわかります。このことは，どんな多角形の面積も求められるということと同じことになることは，前のお話からも多少はわかってもら

えたと思います。

　いっそのこと，正方形になおしたい——という人があるかも知れません。長方形を正方形に等積変形することは，皆さんにもできなくはないですが，話が多少むずかしくなるので，中学校までまってもらいましょう。そのあたりまでは，古代のギリシア人にもはっきりわかっていたのです。

　ところが，直線でかこまれた多角形でなく，曲線図形，その最も簡単な円を正方形になおそうとさえ考えたのです。これはギリシアの数学の三大難問の一つでした。そして，今日では，それは，このような方法では不可能なことだったとわかっています。

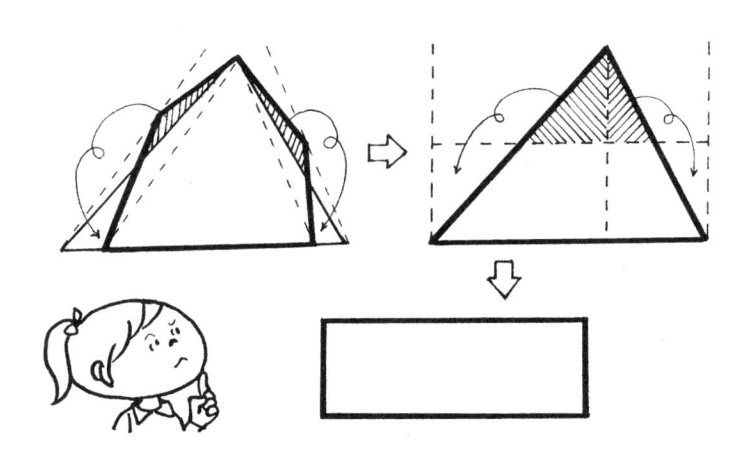

❽等積変形ということ

⑨ 三角形・四角形を整理する
―角や辺に注目しよう―

　皆さんは，算数でいろいろな形を勉強しましたね。ここでは，形を「図形」と呼びましょう。

　何でもたくさんあると整理したくなりますが，図形もたくさん学んだので，これを整理することが必要でしょう。ここでは，三角形と四角形について，図形の整理の仕方を考えてみましょう。

　まず三角形について。三角形と一口に言っても，いろいろな三角形があります。そして昔から，いろんな整理の仕方が考えられました。整理をして，同じ仲間には同じ名前をつける——それによって図形の全体がいっそうはっきりとらえられます。

　整理をするには，何か一つの性質に注目しなくてはなりません。三角形には，三つの角と，三つの辺がありますが，角が等しいかどうか，辺の長さが等しいかどうか，ということが，整理をするときに注目せねばならない性質になります。

　辺の等しさに注目すると，次の三つの場合があります。
　①　等しい辺がないもの
　②　二つの辺が等しいもの

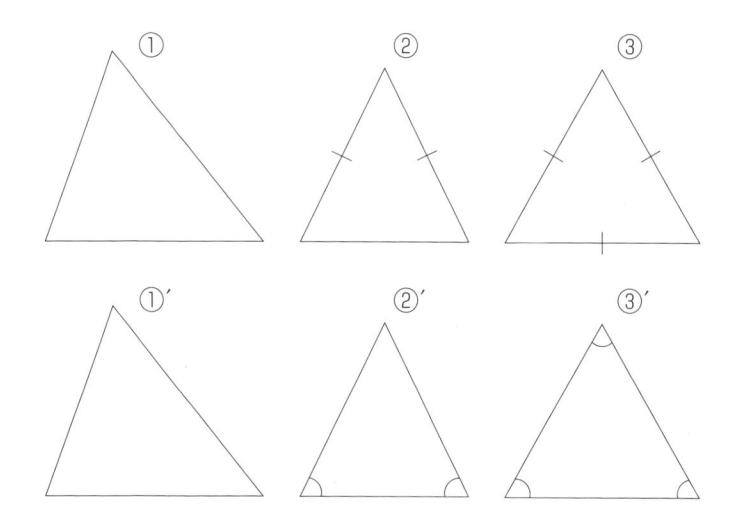

③　三つとも辺が等しいもの

角の等しさに注目しても、また三つの場合があります。

①′　等しい角がないもの

②′　二つの角が等しいもの

③′　三つとも角が等しいもの

　このように整理したとき、皆さんがもうその名前を知っているものもありますね。名前のないものもありますね。

　まず、②はどういう三角形でしょうか。そう「二等辺三角形」です。「二等辺三角形」というのは「二つの等しい辺をもつ三角形」という意味ですから、②の特徴がそのまま名前になっています。たとえば、背が高いから、「高井」さん、

色が白いから「白井」さんというようなものでしょう。

②'（'は「ダッシュ」と読みましょう）ではどうでしょう。前と同じ名前のつけ方をすれば，「二等角三角形」と言わなくてはなりません。ところがどうです。これは全く②と同じではありませんか。つまり，「二等辺三角形＝二等角三角形」ということになります。同じものでも，見方を変えると，ちがった名前をつけることがあります。たとえば，「明けの明星」も「宵の明星」もどちらも「金星」だということは理科でならったでしょう。ちょうどそれと同じことです。

③は何でしょう。「正三角形」ですね。しかし「二等辺三角形」流に言えば，「三等辺三角形」あるいは「全等辺三角形」と呼んでもよいですね。また，「三等角三角形」や「全等角三角形」という呼び方も考えられます。しかし，「正三角形」と言えば，「正しい三角形」という意味で，③にも③'にも通ずるところがいいですね。

「いや，まだだめ」という人がいます。「三角形」という言い方は，すでに「角」に味方している。「三辺形」とも言わなくてはならない。――ごもっともです。そこで②は「二等辺三辺形」，②'は「二等角三角形」と言えばよいでしょう。どうせ同じものなら，「二等辺三角形」と両方を公平に言う方がいいのかも知れませんね。

また，変なことを言う人があります。「二等辺三辺形＝二

等角三角形」というのは，ほんとか——と言うのです。つまり「二等辺だったら二等角になり，二等角だったら二等辺になる」ということは正しいか——と言うのです。

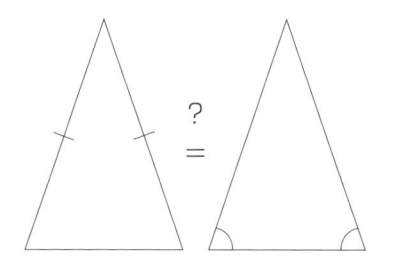

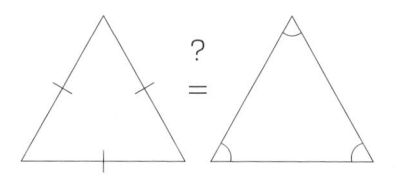

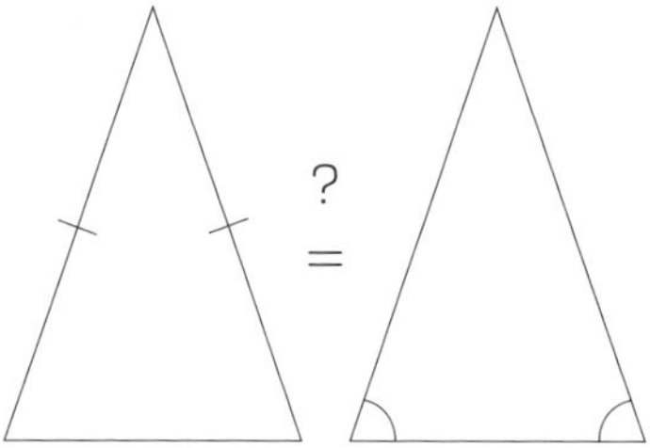

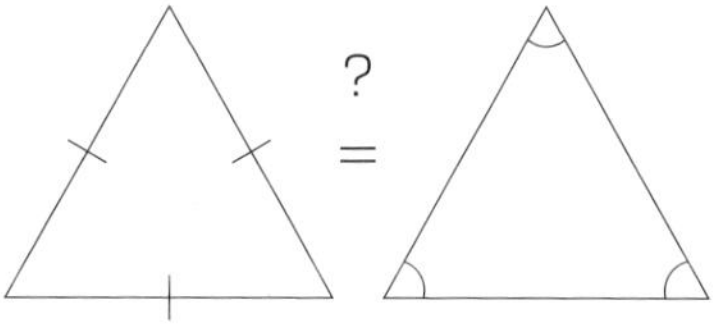

「ひょっとしたら，二等辺であるのに，二等角にならなかったり，二等角であるのに二等辺にならないような三角形があるかも知れない」——と言うのです。ずいぶん疑い深い人もいるものですね。

❾ 三角形・四角形を整理する

この人に言わせると,「三等辺三辺形」と「三等角三角形」を同じものと考えて, それを「正三角形」というのもおかしいかも知れない——ということになります。

　紀元前のことです。はじめて幾何学という, 図形についての学問をつくった古代ギリシア人は, 実はこんな疑い深い連中でした。「二等辺三辺形＝二等角三角形」ということを,「証明」するのに大変苦労をしました。紀元前300年ごろ, ユークリッドという人の本のなかには, はじめて, はっきりとこのことが「証明」されていました。皆さんは, 中学生になったらそのことを勉強するでしょう。

　しかし,「そんなことはあたりまえ！」という人も, 皆さんのなかにはいるでしょう。「やってみたらわかるさ」と言うのです。

　つまり, 実際に正しく二等辺三辺形をかいてみます。(どうしてかくのか, わかりますか。) そして角を分度器で正確に測ってみる。あるいは, 紙にかいて, 角を折り重ねてみると, 二等辺ならば二等角だということがわかると言うのです。

　また, 二等角なら二等辺であることも, 同様に正しく図にかいてみればわかると言うのです。

　つまり, 実験で調べればすぐわかることだ——と言うのです。ところが, 古代のギリシア人たちは, 実験を認めなかったのです。なぜだかわかりますか。

　それは,「どんな三角形についても, 二等辺なら二等角で

あり，二等角ならば二等辺だ」ということは，一つや二つ図をかいて調べたって，何にもならないと考えたからです。

　どんな三角形についても言えなければ，「証明」にならないと考えたからです。

　四角形，あるいは四辺形を，辺の等しさ，角の等しさについて整理することも，おもしろいですね。ここでは，ヒントになる図だけをかいておきました。

　同じ印のついた辺や角は等しいことを示しています。皆さんは，これにどんな名前をつけますか。

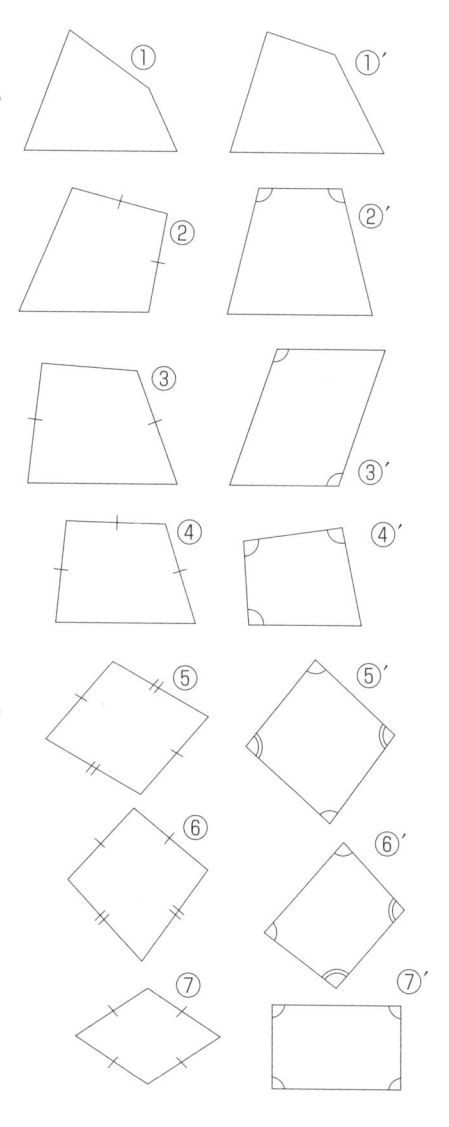

⑨三角形・四角形を整理する

⑩ 三角形と四角形のちがい
—ピッタリきまる三角形, グラグラ凸凹四角形—

　❾では,「三角形」と「四角形」を考えましたが, 四角形は三角形にくらべて, ずっとむずかしくなりましたね。「二等辺四角形」と名づけようとしても, 隣あっている辺が等しいときと, 向かいあっている辺が等しいときでは, ちがったものと考えなくてはならないこともわかったでしょう。

　また, 二つずつ2組が等しいものがあって, それにも2種類あったことも, おわかりでしょう。

　こうして, 正しくかいてみると,「アレ！　みたことのあるやつがいるぞ——」と言う人がいるかも知れません。実際, まじめに図をかいた人はだれもそう言うでしょう。

　⑤と⑤′は同じで, どちらも「平行四辺形」というやつにちがいない。

　⑥は何かな。これは「タコ（凧）形」というやつらしい。

　⑥′は何だろう。「台形」かな。しかし特別な台形で「等脚台形」というやつかも知れん。

　などなどと, 発見はゾクゾクと出てきます。変くつ者のギリシア人には悪いが, 今は実際にかいてみるだけで充分。たとえば, ⑤のように, 向かい合った辺が二組とも等しくて, それでいて, どうしても平行四辺形とはみえない形はかけな

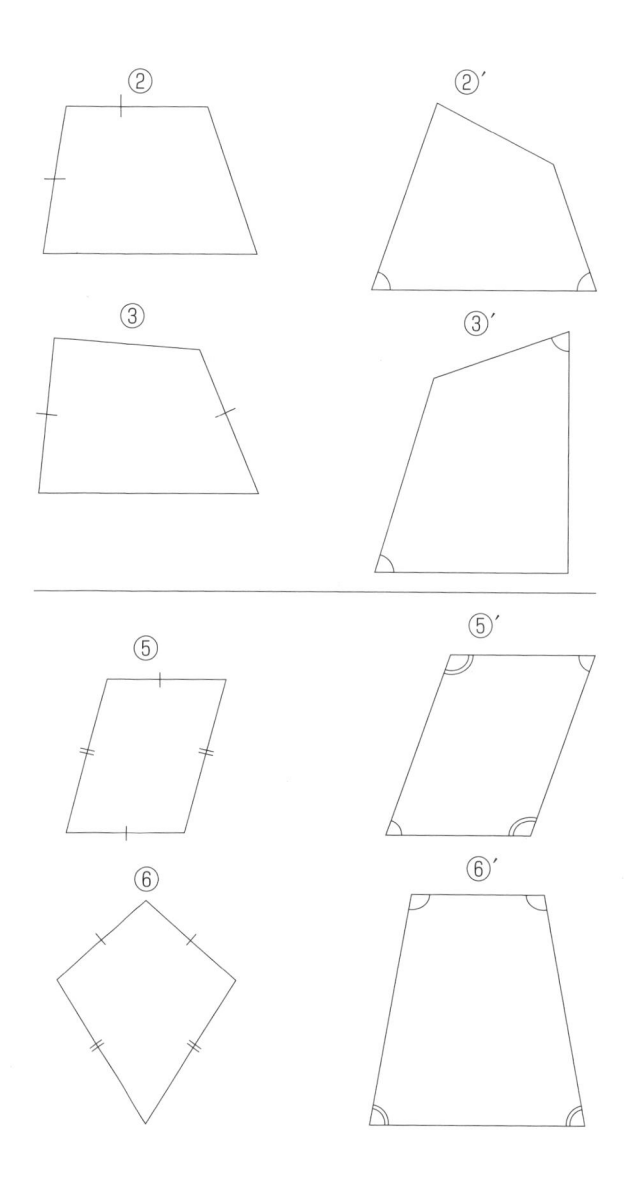

⑩ 三角形と四角形のちがい

いものか――と。もしかけたら偉い，天才だ。いやバカかも知れない。天才とバカとは紙一重(ひとえ)と言うからね。

　三角形のときは，「二等辺三辺形＝二等角三角形」ということでしたね。

　四角形のときも同じようにいきますかね。いくか，いかないかは別として，一度は前と同じように考えてみることはよいことです。もっとも，「柳(やなぎ)の下にドジョウはいない（２度いない）」と言う人もいますがね。ともかく次のことを考えてみましょう。

　「二等辺四辺形＝二等角四角形」？
　「三等辺四辺形＝三等角四角形」？
　「四等辺四辺形＝四等角四角形」？

　三角形と四角形では，「三」が「四」に変わっただけですが，ずいぶんといろいろ変わったことが起こるものです。そんなちがいについて，めぼしいことをいくつかあげてみましょう。

　第一，三角形は三つの辺の長さをきめれば，それでキチッと動かなくなるが，四角形は四つの辺の長さをきめても，グラグラする。

　たとえば，ヒゴで，三角形をつくれば，もう動きません。右頁の左の図のように，四角形をつくっても，グニャグニャ動きます。ときには，ペッシャンコになったり，へっこんだ

⑩三角形と四角形のちがい

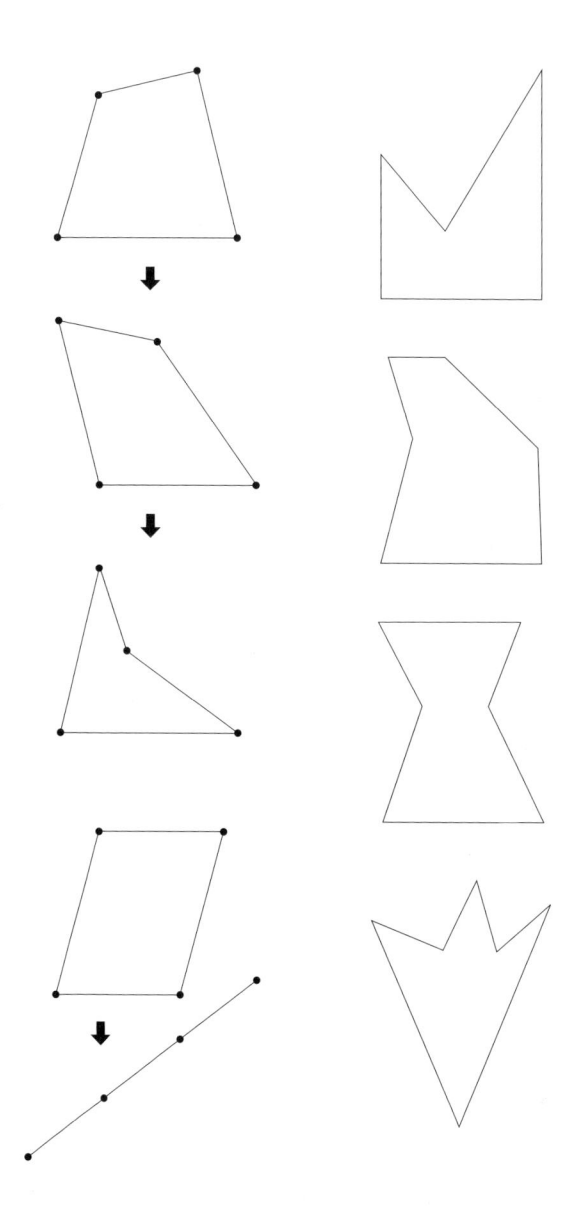

りします。

　これもおもしろいことです。第二としてまとめておきましょう。

　第二，三角形はへっこまないが，四角形にはへっこんだやつがある。

　へっこんだ四角形のことを「凹四角形」と呼びましょう。これに対して，へっこんでいない四角形を「凸四角形」と呼んでもよいのですが，普通に，四角形と言うときは凸四角形のことです。「凸凹」とも言いますので，「デコ四角形，ボコ四角形」と呼びたいのですが，そんな呼び方はききません。もちろん，四角形でなくても，前頁の右の図のように，五角形，六角形にもボコちゃんはいろいろ考えられます。

　1ヵ所でも，へっこんだ角があったら，「凹多角形」と言います。全然へっこんだところのないのが「凸多角形」なのです。

　〈問〉「へっこんだ角」と言いましたね。その角は何度以上でしょうか。また，そのときどこを測るのでしょうか。〉

　ところがです。四角形のなかには，まだまだいやなやつがいるのです。へっこむだけでなくて，ねじれるやつもいるのです。次の図をみてください。まん中は，列車の線路とバスの路線みたいに，「立体交差」しているのです。

　「こんなやつは，四辺形でも四角形でもない！」と言う人

がいます。マアマア，そう言わないで，この四辺形，いや四角形，いやどちらさまかは知りませんが，こう言って怒っていらっしゃいますぞ。

「一体，全体，このオレ様を何と心得るか。おそれ多くも，もったいなくも……」と水戸のご老公のようにはおっしゃらないが，

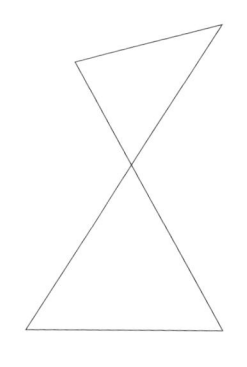

「お前たちは四角形を何と心得るのか──」と言われたら，どう答えますか。

「四つの角のある形です」と言ったらどうでしょう。

「オレ様にも，たしかに四つの角があるじゃないか」とおっしゃいます。

「でも，まん中の交わったところにも角があるようで──」と申しあげたら，どうでしょう。

「やかましいやい！　ここは立体交さじゃと，さっきから申しておろうが──」

そうです。こんな方にお引き取りいただくには，「立体交差」をやめるより他はないのです。つまり，平面の上だけで考えることにしましょう。三角形のときはよかったのですが，四角形，五角形になると，立体的にも考えられることがあるのです。

このことを，こうまとめましょう。

❿三角形と四角形のちがい

第三，三角形は，いつでも平面上におけるが，四角形では平面上におけないものもつくれる。

　たとえば，針金をねじまげて三角形をつくれば，図のようにピタッと机の上におけますが，四角形ではそうはいかないことがあるのです。

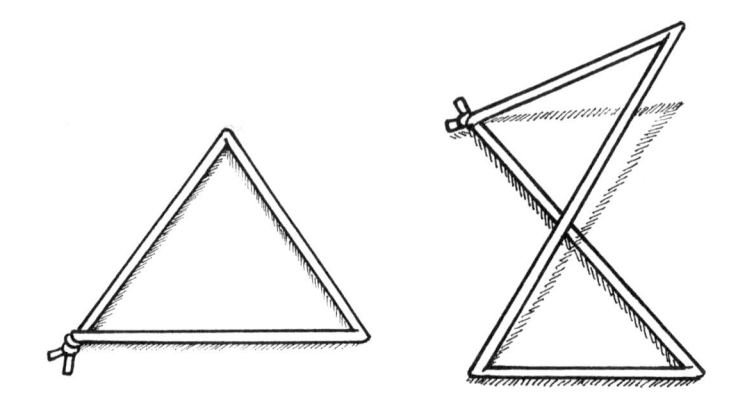

⑪ ピラミッドの秘密をのぞく
―最もくずれにくい傾きの角度―

　先日，テレビをみていましたら，エジプトのピラミッドの話がでました。いろいろおもしろい話がありましたが，エジプトでは，長さを測るのに車を回転させて，何回転したかで長さを測ったらしいという話は，わたしにはとても興味深い話でした。

　長さを測るのに車をつかっている絵がかいてあったわけでもありません。また，そんな車が発掘されたわけでもありません。それは一つの推理でした。

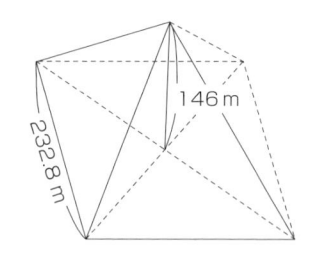

というのは、エジプトのピラミッドのなかで、もっとも大きいものと言われるクフ王のピラミッドは、1辺が、232.8メートルの正方形を底面とし、高さ146メートルの「角すいと言われる形をしているそうです。ところが、この1辺を高さの半分で割ってみましょう。

　　　232.8÷(146÷2)≒3.1890

　この答は、3.14に非常に近い。3.14はご存知のように円周率ですね。円の周りの長さは、直径に3.14をかければえられることもご存知でしょう。そうすれば、古代エジプトは、円周率を知っていたか——ということですが、実はどうもそうではないらしい。

　たとえば、ピラミッドの高さを100メートルと考え、直径が1メートルの車を50回まわした長さを1辺としたとき、この1辺と高さの半分の比を求めたら何になるか考えてみてください。

　　　(1辺):(高さの半分)＝1×3.14×50:50
　　　　　　　　　　　　　＝3.14:1

つまり円周率になるでしょう。

　このことから、5000年も前のエジプト人は、長さを測るのに車をつかったことが推理されるというのです。実際、長

さを，手軽に正確に測るには，車をまわすのが，いちばんいい方法だとされているそうです。

とくに昔のことですから，今日のような正確な巻尺もなかったことでしょう。綱をはってつくっても，伸びちぢみが大きくて，正確に測れなかったのかも知れません。

それから，この話で，もう一つおもしろいことがありました。それは，ピラミッドの傾きのことです。ピラミッドの中心を通り，辺に平行な面で二つに切ると，切り口は図のような二等辺三角形になります。頂点をA，底辺をBCとしましょう。この二等辺三角形の角ABC，角ACBを「底角」と言いますが，これは同じ大きさの角です。この角は何度でしょうか。それを求めるには，正しく図をかいて分度器で測ってみますと，この角は，51度ぐらいになります。

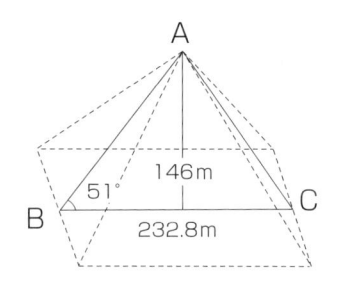

ところが，実は，この角度は重要な意味をもっているのです。というのは，ピラミッドはできるだけ高く地上にそびえ立たせたい気持ちはわかりますが，あまり急こうばいにするとくずれやすくなることも当然です。今日の東京タワーのように，底は小さくても高いピラミッドを石できずくわけには

いきません。もちろん，ペッシャンコのピラミッドなんか，意味がありません。実は，この51度ぐらいが，安全なギリギリの傾きなのだそうです。

　そんなことはどうしてわかる——。テレビではおもしろい実験をしてみせてくれました。
　よく乾いたこまかい砂を，地上へ少しずつこぼすと，だんだんと山ができてきます。この山の形は自然にできる円すい形ですが，実はその傾きは大体51度ぐらいになるのです。自然にできるということは，くずれにくいということにもなります。昔のエジプトの設計技師は，このことをちゃんと知っていて，その角度にピラミッドをつくったのでしょうね。

古代のエジプト人が，どんなつもりで，こんな大きいピラミッドをいくつもつくったのか。それはまた，社会科の歴史での問題でしょうが，算数の眼からみただけでも，ずいぶん興味深いことがあるものですね。わたしたちは，こんな話からも，人間と数学との関係について，重要なことを学びとることができます。それは，ずっと古い昔から，人間は何か仕事をするときには数学をつかっていたということです。

　いや，数学は人間が何か科学的な仕事をするための必要から，便利な道具としてつくりだしたものだということです。

　このピラミッドの話のなかにも，もう皆さんが知っている算数の知識がいっぱいありました。最後にそれを整理しておきましょう。

　第一は円周率ということです。

　どんな円をかいても，直径と円周の割合は一定である——ということがもとになっています。つまり，直径を，3.14倍すると円周になります。実際そうなるかどうかは，たとえば茶筒のまわりに糸をまいて測って調べたことがあるでしょう。3.14という数字はよくおぼえておきましょう。

　これを「円周率」と言って，ギリシア文字でπ（パイ）と書いてあらわします。英語では円周率のことを「パイ」と言います。アップル・パイのようなお菓子の「パイ」とは関係はないようです。実は，この円周率は，正確にはもっともっ

⑪ピラミッドの秘密をのぞく

と長い数字になってしまいます。

$\pi = 3.1415926535\cdots\cdots\cdots\cdots$

どうして，そんな数字をみつけだしたか。どこまで正しくわかっているのか。そんなことも興味のある問題ですが，ここではこれくらいにしておきましょう。

第二は，三角形の辺の長さと角度の関係です。

たとえば，図のように，直角三角形 ABC の底辺 AB を 10 センチにして，高さ BC をきめますと，角 A の大きさもきまります。しかし，BC を 5 センチから 10 センチへと倍にすると，角 A も倍になるかというと，どっこいそうはいきません。

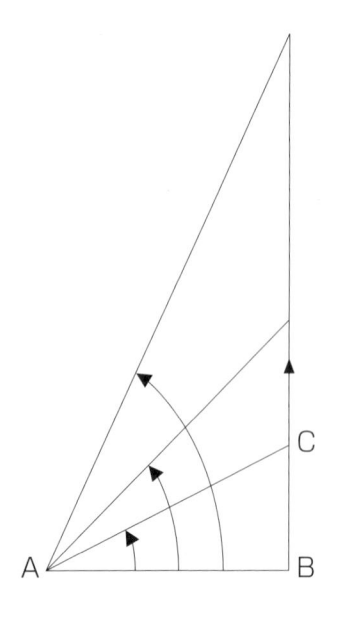

BC を小さいところからだんだん大きくしていくと，角 A ははじめのうちは急に大きくなりますが，だんだんゆっくり大きくなります。

しかし，高さ BC を何センチときめれば，角 A は何度ときまります。逆に角 A を何度ときめれば，高さ BC は何センチときまってきます。

⑫ 総当たりの試合数を求める
―シラミつぶしからみつけた法則―

　高校野球は「勝抜(かちぬ)き」試合ですが，スポーツによっては，「総当(そうあ)たり」試合をするものもあります。たとえば，5人の間ですもうをとって，どの人も他のすべての人と勝負し，勝った数の最高の人が優勝(ゆうしょう)ということにすることがあります。

　おおずもうは「総当たり」ではありませんが，これに似(に)たやり方です。ときには，最高点をとった人が2人いて，優勝決定戦(けっていせん)になるのもそのためです。

　ところで，こんな「総当たり」のとき，試合数はいくつあるか——ということは，試合の日取りや時間をきめる主催者にとっては，問題になることがありましょう。

　たとえば，5人が「総当たり」ですもうをとったら何回すもうがあるでしょう。

　「5人が5人を相手にするんだから，5×5＝25回だ！」なんて乱暴な計算をやる人がいました。そうですかね。

　これを聞いた人がこう言いました。

　「自分と自分ですもうはできぬ。一人ずもうはとれないよ。だから5人が4人を相手にするんだから，5×4＝20回

（総当たりにすると…）

だ！」
と言いました。そうですかね。
　「A君がB君とすもうをとるのも、B君がA君とすもうをとるのも同じだが、20回という人はこれをちがったものと考えているのはいけない。正解は5×4＝20だけでなく20÷2＝10となって10回だ！」
と言った人もいます。これは正解ですかね。
　正しい答が出ても出なくても、とにかく、当てずっぽうの計算はよくありません。絶対に間違いの出ないような手がたい方法で考えなくてはいけません。数が少ないとき、一番手がたいのは、「シラミつぶし」という方法です。（今の人は、シラミなんて知らないでしょうね。ましてシラミをつぶしたことなんかないでしょうね。）

```
        A
    ╱ ╱ ╲ ╲
   E  D  C  B

        B
      ╱ │ ╲
     E  D  C

        C
       ╱ ╲
      E   D

        D
        │
        E
```

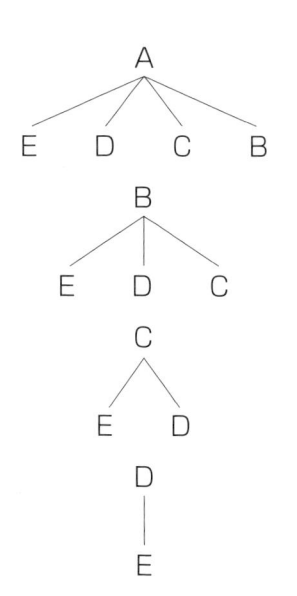

どうして，そういうのか知りませんが，とにかく全部の場合は一つのこらず書き出してみることを「シラミつぶし」と言います。（1匹でも残ったら，たちまちそこから繁殖しますよ。シラミって実にいやなやつです。）

そこで，5人をA，B，C，D，Eとして，すもうのとり組みを全部書き出してみましょう。

AとB，AとC，AとD，AとE，（次に「BとA」とやりがちですが，これは「AとB」と同じことですから，もう2度と書いてはいけません。）そして，BとC，BとD，BとE，CとD，CとE，DとE——以上です。数えてみると10回というのが正解だったことがわかります。

しかし，ここで，このような組合わせのつくり方に注意してください。思いつくままに次々と書いていっては困ります。順序よく考えていることに注意してください。

まずAととり組む者をBから順にC，D，Eといき，次にBととり組むものを，C，D，E……というぐあいに，順序よく考えています。そうでないと，「おち」や「かさなり」

がでてきます。つまり，書き忘れたり，2度も書いて気づかなかったりします。

　このような，順序正しい書き方は，前頁のような図をかいてみると，はっきりします。

　この図から，どんな規則に気づきますか。

　5人がすもうをとるとき，とり組みの回数は，

　　　4 + 3 + 2 + 1 = 10

で，10回ということがわかります。

　そんなことはつまらないことだ──と思ってはいけません。実は，こうしたことに注意すると，10人や15人のような少人数のときでなくても，何十人，何百人いても，総当たりの試合数が求められるからです。50人ぐらいでも，こんな図をかくことは大変です。しかし，前の規則に気づいたら，計算で求めることはできます。5人のときは4から1まで足すので，50人のときは49から1まで足したらよいことがわかるでしょう。これは1から49まで足すのと同じことです。

　つまり，1 + 2 + 3 +………+ 47 + 48 + 49 を計算したらよいでしょう。

　「イヤーダ」と言う人がいるでしょうね。1からはじめて49まで足すなんて大変だ，きっと途中で間違ってしまうよ──と言うのでしょう。

　だが，もっとうまい方法があるのです。それを教える前に，

5人の「総当たり」ずもうの数を数える，別な方法を考えてみましょう。それは，右のような表をつくることです。

	A	B	C	D	E
A	×	○	○	○	○
B	△	×	○	○	○
C	△	△	×	○	○
D	△	△	△	×	○
E	△	△	△	△	×

この表の○印のところが，すべてのとり組みをあらわしていることがわかりますか。×印は一人ずもうですから，とり組みに入りません。△印は，○印と同じことで，たとえば「AとB」のすもうが○ならば，「BとA」のすもうは「△」で，これは同じものと考えなくてはなりません。

とり組みの全部の数を知るには，○がいくつあるかを数えればよいことは，すぐおわかりですね。実際，○は上の段から下へとみると，4＋3＋2＋1となっていますね。

さて，この○の数をどう数えるかということですが，一つ二つ………と数えたのではいけません。うまく数えなくてはなりません。しかも数えるだけではなく，数え方によく注意をしてみなくてはいけません。

まず，わくが全部で5×5＝25あることはすぐわかりますね。そのうち5つは×です。そして○と△は同じ数だけあることも注意してください。そうすれば次のような計算で○の数が出ることがわかるでしょう。

$$(\underset{\Box の数}{5\times 5} - \underset{\times の数}{5}) \div \underset{\bigcirc と\triangle は同じ数だから}{2} = 10$$

こうなれば，しめたものです。50人のときは（50 × 50 − 50）÷ 2，100のときは，（100 × 100 − 100）÷ 2 ということは，わかります。それがわかったら，もう計算するのもアホラシイほどです。

最後に，試合の数とははなれて，一言つけ加えておきましょう。

1からはじめてある数まで全部足したらいくつになるか——という問題は，昔からよく考えられたものです。前ページの表で○の数を求めるのに，△をくっつけて倍にしたら，数えるのに便利であることがわかりました。この方法でいくと，1から4までの和は，下のように簡単に求められます。これについては，また次に述べましょう。

```
      1 + 2 + 3 + 4
  +)  4 + 3 + 2 + 1
      5 + 5 + 5 + 5 = 5 × 4 = 20
    だから，
    1 + 2 + 3 + 4 = 20 ÷ 2 = 10
```

13 古代ギリシア人も興味をもった三角数
―1から1000までの足し算もたちどころ―

　1からある数までを全部足すといくつになるか，たとえば，
　　1 + 2 + 3 …………………… + 100
はいくつか，という問題は，昔から興味ある問題でした。もう，古代のギリシア人も，こんなことに興味をもった学者がいたのです。

　このことは，下の図をみればわかると思います。三角形の形につみあげたマルの数をもとめることになります。1だんならば1，2だんならば3，3だんならば6，4だんならば10，5だんならば15，……というようになります。こうしてつくられる，

　　1，3，6，10，15，………

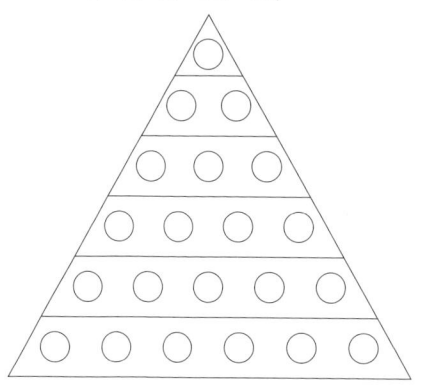

というような数を，古代ギリシア人たちは，三角数と呼びました。

　「古代人は，なぜこんな数に興味をもったのか」と思う人もいるでしょう。

それは，古代人の宗教にも関係していたようです。つまり，古代人は，数のなかに，一種の神秘さを感じていたのです。

たとえば，ピタゴラスという人が，紀元前500年ごろのギリシアにいました。これはその当時の大数学者でもあり，大哲学者でもありましたが，「万物は数である」という有名な言葉をのこしています。

毎日，遊んでいたり，仕事に追われたりしているときは，あまり気がつきませんが，ふと思いついて考えてみると，この世は不思議なことばかりです。第一，自分はどこから来て，どこへ行くのか，ということさえわかりません。だれがこんな世界をつくり，動物植物をつくり，人間までつくったのか，それもわかりません。

こんなことをつきつめて考えると，哲学者になります。ピタゴラスは，数の神秘さに気づき，すべてのものは，数から

できているのだと考えました。しかし，そのほんとうの意味は，今の人には，わからないと言ってよいでしょう。

　しかしながら，数はきわめて神秘なものだ──という意見については，現在の数学者もピタゴラスと同じです。実際，数の世界は不思議なことばかりで，今日でもわからないことがいっぱいあります。こうしたことを研究する学問は「整数論」と言われています。

　さて，話が多少それましたが，ここでまた三角数のことにもどりましょう。もうおわかりのように，1から100まで加えることは，100番目の三角数はいくつか──という問題です。この質問にサッサと答えられたら偉いですね。実は，ちょっと考えれば，100番目だろうと，1000番目だろうと，ヘッチャラなんです。

　ちょっと次の図をみてください。これは，5番目の三角数を二つくっつけたかっこうになっています。つまり，1＋2＋3＋4＋5の2倍になっています。ところが，このように2倍してみると，その数はすぐわかります。縦は5，横は

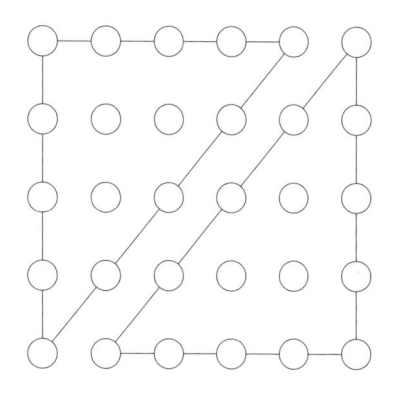

⓭古代ギリシア人も興味をもった三角数

それより一つ多い6ですから，その数は掛け算ですぐできます。つまり5×6です。ですから，これを半分にすれば，5番目の三角数がでてくるはずです。つまり，

　　　1＋2＋3＋4＋5＝5×6÷2＝15

ということになります。

　この計算の仕方がわかったら，どんな三角数でもたちどころに答えられます。みなさんどうですか。たとえば，「1から10まで足したら，いくつか？」と問われたら，「アア，10番目の三角数だな」とえらそうな返事をしてから，

　　　10×11÷2＝55

とやって，「55さ」と答えてみなさい。相手はびっくりするでしょう。このぐらいの計算なら，暗算でできる人があるかも知れません。（注意してください。10番目の三角数をみつけるときは，10に10をかけてはいけませんよ。10より一つ多い11をかけることです。それは，前の図をみれば，横は，縦より一つ多いことからわかります。）

　それでも相手がおどろかなかったら，「ぼくは，1から100までだって，1000までだって，すぐに加えられるサ」と言ってやるのもいいかも知れません。ただし，計算を間違えないように。

　　　1＋2＋………＋100＝100×101÷2＝5050

　　　1＋2＋………＋1000＝1000×1001÷2＝500500

ということは，すぐわかるでしょう。

こんなことを知らない人は，1から順番に加えていくより他はないですね。それもせいぜい20か30までぐらいならいいですが，大きくなると，途中で間違えるかも知れません。間違えなくても，いやになってしまうでしょう。

　そんなことしかできない人には，1から100まで加えると5050になると言ってもおもしろく思わないでしょう。それが正しいかどうか，確かめることさえできないのですから。ところが，前のような理由を知っている人は，確信をもって言います。「1から100まで加えると5050になるんだ！」
──ここが算数そして数学のすばらしいところです。

　ドイツで，十九世紀の前半ごろ，ガウスという有名な数学者がいました。この人は，おさない子どものとき，1から，たしか8まで足しなさいと言われて，上のような計算をしたと言われています。半分の4のところで「折りまげて」計算

⓭古代ギリシア人も興味をもった三角数

$$1+2+3+4$$
$$\underline{8+7+6+5}$$
$$=9+9+9+9$$
$$=9\times 4=36$$

ガウス

しているのですね。これも，三角数のうまい計算の仕方です。
　この方法で，100まで加えたら，どんな計算になると思いますか。100の半分は50ですから，

　　$(50 + 51) \times 50 = 5050$

「偶数までならよいが，奇数までだったら半分に折りまげられない──」と言って困ってしまう人もいるでしょう。
　そのときは，どうしたらいいでしょう。わけないことです。一つよけいまで求めておいて，あとから，その余分のものをのぞけばいいでしょう。オワカリカナ？　たとえば，

　　$1 + 2 + \cdots\cdots + 25 = 1 + 2 + \cdots\cdots + 25 + 26 - 26$
　$= (13 + 14) \times 13 - 26$

　最後に。三角数がでてきたんだから，四角数，五角数ってやつもあるだろう。ピタゴラスはやはり，そんな数を考えました。とくに，四角数は大事だったのです。これについては次に──。

⑭ 平方数について
―直角三角形とピタゴラスの定理―

　三角数を考えたのなら，四角数も――ということで，ここでは四角数を考えることにしましょう。しかし，それがどんなものか，皆さんにはもうおわかりでしょう。

　三角数と同じように，図にかいてみましょう。

　順番に書きますと，

　　1, 4, 9, 16, 25, 36, 49, 64, 81, 100………

となります。こうしてみると，何か気がつくことがあるでしょう。そうです。同じ数を二つ掛けてつくられる数です。たとえば $1 = 1 \times 1$, $4 = 2 \times 2$, $9 = 3 \times 3$, $16 = 4 \times 4$……。

　同じ数を2回掛けることを，**2乗**すると言いますが，**平方**するとも言います。平方センチとか平方メートルの平方と同じような意味です。1平方センチという

のは，1センチの長さを2回掛けたものですからね。それで，四角数のことを「**平方数**」とも言いますが，実際は，「平方数」と言うほうがよく知られているのです。

　右の図は，平方数を大きさの順に並べたものです。1番目は1で，これは三角数でもありました。2番目は4で，これは2×2ですが，めんどうなので，2^2と書いて「2の2乗」と読むことにしましょう。3番目は3^2で9，4番目は4^2で16……というわけです。

　たとえば，10番目の三角数はいくらか——という問題をやりましたね。覚えていますか。それは，ちょっとむずかしかったでしょう。

　では，10番目の四角数，あるいは平方数はいくらか——という問題はどうでしょう。「それは，全く問題にならない！」と言う人がいます。

　そうですね。10を2回かければ100で，これが10番目の平方数です。100番目だって，999番目だって，2乗すればすぐでてくるのですから，何番目の平方数はいくらだ——なんて問題はチットもおもしろくありませんね。

　じゃ，平方数なんて全くクダラナイ数だ——と思うかも知れません。実はそうではないのです。そのことをはっきりするために，次の5番目の平方数をじっくりみてみましょう。そして線で結んだマルの数を順番に並べてみましょう。

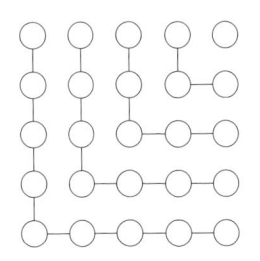

$1 = 1^2$

$1 + 3 = 4 = 2^2$

$1 + 3 + 5 = 9 = 3^2$

$1 + 3 + 5 + 7 = 16 = 4^2$

$1 + 3 + 5 + 7 + 9 = 25 = 5^2$

$1 + 3 + 5 + 7 + 9 + 11 = 36 = 6^2$

………………………………

⓮ 平方数について

どんなことがわかりましたか。

　　1, 3, 5, 7, 9

という数の列について，何か気がつくことがありませんか。

　そうです。これは奇数を1から順番に並べたものです。ということは，奇数を1から順番に加えていくと，それはいつも平方数になるということです。——これは，全く大した発見ですね。念のために調べてみましょう。

　しかし，図をみれば，こんなことはたしかめる必要もないくらいです。図でわかるようにカギ型に線で結んだマルは，順番に奇数をあらわしており，いつでも正方形ができていくことから，奇数を次々に加えていくと平方数ができていくことは，図からも明らかなことです。しかし，このことに気づくことは，また別です。発明や発見というものは，あとではつまらないことにみえるかも知れませんが，最初にそれに気

$1^2 = 1$
$2^2 = 1+3$
$3^2 = 1+3+5$
$4^2 = 1+3+5+7$
$5^2 = 1+3+5+7+9$

「いつでも 正方形が できるんだ!」

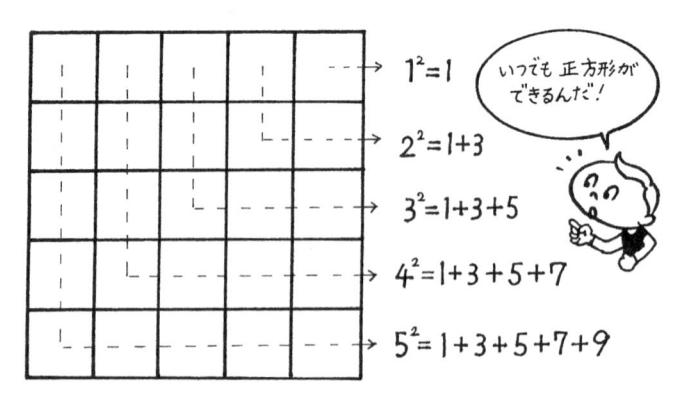

づくということは，大変なことなのです。

ところが，実は，このことが，数学の歴史のなかで，重大なことと関係があるのです。

これは，古代エジプトでの話ですが，たとえば，ピラミッドや神殿をつくるときに，地上でまっ四角をつくることが，しばしば必要になりました。つまり，どうしたら，直角をつくることができるか——ということは，古代でも重要な問題でした。線をまっすぐに引くことは，綱をピンとはればできます。円をかくことも，そうむずかしくはない。ところが，直角を正しくつくるのには，ちょっと苦心したようです。

しかし，だれだったかはわかりませんが，3，4，5の長さの割合のひもをつなぐと，一つの角が，正確に直角になることを発見したのです。これは「縄張り」の方法と呼ばれるようになりました。

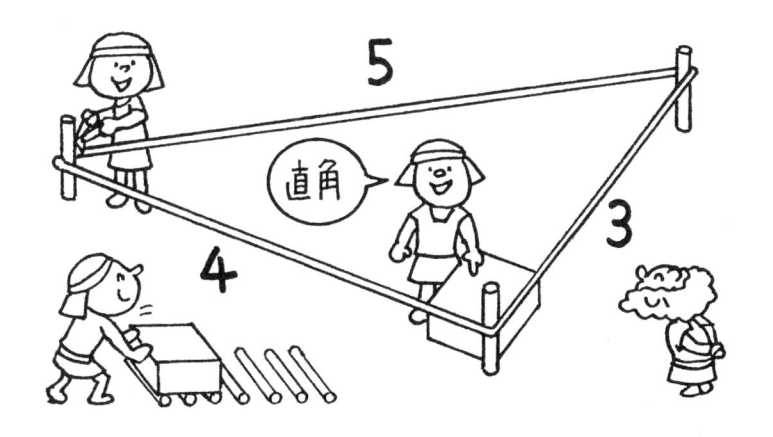

ところが、そのときおもしろいことに気がつきました。それは、3と4を、どちらも平方して加えると5の平方になるということです。

　このことを、式で書くと次のようになります。
　　　$3^2 + 4^2 = 5^2$
たしかに 9 + 16 = 25 です。

　つまり、3番目の平方数と4番目の平方数を加えると、5番目の平方数になるということです。

　そのうち、ピタゴラスという数学者があらわれて、3、4、5でなくてもこのような三つの数をみつけて、それで三角形をつくれば、いつでも直角三角形になるということを、みつけました。さらに、整数でなくてもよいが、二つの辺の長さを2乗して加えたものが、もう一つの辺の長さの2乗になれ

ば，直角三角形がつくられることもわかってきました。

　逆に直角三角形をかいてみるとどんな直角三角形でもそうなっていることがわかりました。（皆さんも，正しく直角三角形をかいて，実際に測って調べてみるといいですよ。）

　このことは，ピタゴラスの名前をとって，ピタゴラスの定理と言われています。定理というのは，理科でいうと，法則のようなものです。また，3，4，5のような数は，ピタゴラスの数と言われます。

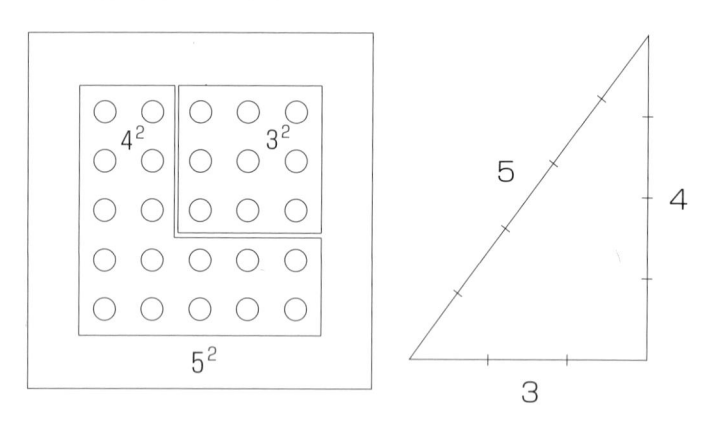

　どうやってピタゴラスの数を見つけるか。このためには上の左の図をごらんなさい。つけ加える部分が，平方数だったらいいことがわかりますね。カギの部分は1列でも2列でも，とにかく平方数になっていればいいのです。図は2列のときですが。

著者紹介

●平林一栄

1947年広島文理科大学数学科卒業。
広島大学教授，奈良教育大学教授，皇學館大学教授を歴任。
日本数学教育学会副会長，西日本数学教育学会理事長を歴任。
教育学博士。
なお，「さいかち俳句会」同人，俳人協会会員としても活躍。
2011年逝去。
著書:『算数・数学教育のシツエーション』,『数学教育の活動主義的展開』,『新しい学習理論にもとづく算数教育』(共訳),『数学教育学パースペクティブ』(共著),『算数指導が楽しくなる小学校教師の数学体験』など。

＊イラスト：伊東美貴

おもしろすぎる算数5分間話 ①

2012年7月1日	初版発行
2012年10月20日	2刷発行

著　者	平林一栄
発行者	武馬久仁裕
印　刷	株式会社　太洋社
製　本	株式会社　太洋社

発　行　所　　　　株式会社　黎明書房

〒460-0002　名古屋市中区丸の内3-6-27　EBSビル
☎052-962-3045　FAX052-951-9065　振替・00880-1-59001
〒101-0047　東京連絡所・千代田区内神田1-4-9
　　　　　　松苗ビル4階　☎03-3268-3470

落丁本・乱丁本はお取替します　　ISBN978-4-654-00322-8
©M. Hirabayashi 2012, Printed in Japan

B 6 判・93頁　1300円
おもしろすぎる算数 5 分間話②
平林一栄著　教師のための携帯ブックス⑬　「偶数と奇数」「素数について」「二進法の話」など，一見難しそうなテーマも楽しく読める。『算数がすきになる 5 分間話』を 2 分冊して，改版・改題。

B 6 判・96頁　1300円
めっちゃ楽しく学べる算数のネタ 73
中村健一編著　教師のための携帯ブックス⑩　授業のはじめや 5 分早く終わったとき，子どもがダレてきたときに使える，子どもが大喜びして算数が楽しくなるネタを低・中・高・全学年に分け紹介。

基礎学力を養う　　　　　　　　　　　　A 5 判・179〜183頁　各1700円
算数クイズ＆パズル＆ゲーム（全3巻）
中山理他著　低学年・中学年・高学年　楽しみながら，算数の基礎が理解でき，数学的な思考力が身につく傑作問題を収録。『子どもの喜ぶ算数クイズ＆パズル＆ゲーム（全3巻）』改題・改版。

算数の授業で　　　　　　　　　　　　　　　　A 5 判・184頁　2000円
教えてはいけないこと，教えなくてはいけないこと
正木孝昌著　子どもの「〜してみたい」の「たい」を引き出し，筆算，九九，分数，図形，速さ，グラフ等，算数の力をどんどん付ける授業の仕方を紹介。驚きと感動の正木算数ワールドへご招待！

子どもの考えを引き出す　　　　　　　　　　　A 5 判・150頁　1900円
山本昌猷の算数の授業の作り方
山本昌猷著　シリーズ・教育の達人に学ぶ③　著者が実践を通して会得した，算数の授業力が必ずアップする方法・やり方・コツをすべて公開。なかなか聞けない算数指導の技を満載。

"疑問"に即座に答える　　　　　　　　　　　　A 5 判・146頁　1800円
算数・数学学習小事（辞）典
仲田紀夫著　わからないこと，知りたいことは，博覧強記の数学者・仲田紀夫先生に聞こう。充実の索引で目的の数学用語がすぐに引け，しかも興味深い問や数学史上の話など読んで楽しい小事（辞）典。

表示価格は本体価格です。別途消費税がかかります。